KB215538

국가론

돋을새김 푸른책장 시리즈 006

국가론 [개정 2판]

초판 발행 2006년 12월 15일
개정 2판 1쇄 2025년 5월 8일

지은이 | 플라톤
편역자 | 이환
발행인 | 권오현

펴낸곳 | 돋을새김
주소 | 경기도 고양시 일산동구 하늘마을로 57-9 301호 (중산동, K시티빌딩)
전화 | 031-977-1854 팩스 | 031-976-1856
홈페이지 | http://blog.naver.com/doduls 전자우편 | doduls@naver.com
등록 | 1997.12.15. 제300-1997-140호
인쇄 | 금강인쇄(주)(031-943-0082)

ISBN 978-89-6167-361-7 (03160)
Copyright ⓒ 2014, 이환

값 14,000원

*잘못된 책은 구입하신 서점에서 바꿔드립니다.
*이 책의 출판권은 도서출판 돋을새김에 있습니다. 돋을새김의 서면 승인 없는 무단
 전재 및 복제를 금합니다.

돋을새김
푸른책장
시 리 즈
0 0 6

국가론

플라톤 지음 | **이환** 편역

돋을새김

"이상국가란
철학자들이 국가를 통치하지 않는 한,
혹은 통치자들이 철학을 공부해 국가를 다스리지 않는 한
실현되기 어려운 것일세."

플라톤 Platon BC 427(?)~347(?)

소크라테스 Socrates BC 470(?)~399

고대 아테네의 철학자, 소크라테스는 자신이 직접 글을 남기지 않았으나 그의 제자 플라톤과
크세노폰이 기록을 남겼다. 플라톤은 소크라테스의 사상을 그의 저서 '대화편'에 여러 형태로
소개하고 있다. 소크라테스가 철학의 출발점이었다면, 플라톤은 스승의 사상을 넘어서 체계화
한 철학자이다.

소크라테스의 죽음

BC 399년 소크라테스는 그리스의 청년들을 타락시키고 신을 모독했다는 죄목으로 사형당했다. 소크라테스의 제자였던 플라톤은 스승의 죽음에 충격을 받았다. 그후 아테네의 정치체제에 강한 의구심을 갖게 되었으며 철학적 성찰을 모색했다.

시민들과 대화 중인 플라톤

소크라테스의 영향을 받은 플라톤은 질문과 대화를 통해 사람들을 깨우쳤다.《국가론》역시 소크라테스가 대화를 이끌어가는 방식으로 전개되고 있다.

아카데메이아 Academeia

BC 387년 플라톤은 '아카데메이아'라는 자신의 학교를 세우고 교육과 저작에 몰두했다. 플라톤의 제자인 아리스토텔레스 역시 이곳에서 철학을 공부했다. 아카데메이아는 BC 88년 로마의 군사들에 의해 파괴될 때까지 많은 철학자를 배출했다.

아테네 학당 | 라파엘로

① 플라톤
② 아리스토텔레스
③ 크세노크라테스
④ 소크라테스
⑤ 알렉산드로스
⑥ 크세노폰
⑦ 알키비아데스
⑧ 디아고라스
⑨ 제논
⑩ 데모크리토스
⑪ 아낙사만드로스
⑫ 피타고라스
⑬ 아낙사고라스
⑭ 히타피아
⑮ 파르메니데스
⑯ 헤라클레이토스
⑰ 디오게네스
⑱ 조로아스터
⑲ 라파엘로

"기하학을 모르는 사람은 들어오지 말라"

(현존하는 가장 오래된 대학, 포르투칼의 코임브라 대학교 철학과 건물외관 부조)

고대 아테네, 플라톤의 아카데메이아 입구에 새겨져 있던 이 문구는 추상적이고 논리적인 사고능력을 중시했던 플라톤 사상 핵심 중의 하나이다. 플라톤은 수학적 사고가 이데아(이상적 실체)의 세계를 이해하는 데 반드시 필요하다고 생각했다.

플라톤의 동굴의 비유

플라톤의 《국가론》(제7권)에 인용된 '동굴 속의 인간'은 플라톤의 이데아론을 설명하는 우화이다. 플라톤은 인간의 인식 상태를 동굴 속에 갇힌 인간으로 비유하며, 그들은 바깥 세계의 그림자만 볼 수 있을 뿐이므로 진정한 실재인 이데아를 볼 수 없다고 말한다. 따라서 이 세계는 보이는 것만 보지 않고 그 너머까지를 직관할 수 있어야 진리에 이를 수 있다는 것이다.

1. 플라톤의 《국가론》을 읽는 것은 맛있는 빵을 먹는 것과 같다. 그러니까 《국가론》은 빵이다.

2. 빵에는 여러 종류가 있다. 크림이 들어가 있는 것, 고기가 들어가 있는 것, 야채가 들어가 있는 것. 구운 것이나 튀긴 것. 큰 빵, 작은 빵, 더 작은 빵.

3. 《국가론》에는 이 모든 빵이 다 들어 있다. 이건 결코 뻥이 아니다. 빵은 진실이고 뻥은 거짓이다.

4. 빵을 먹는 일은 쉽기도 하고 어렵기도 하다. 이 말은 상대적이다. 배고픈 자, 식욕이 왕성한 자는 쉽게 먹지만 배부른 자, 입맛이 없는 자는 어렵게 먹는다. 누구를 막론하고 쉽게 먹을 수 있는 빵은 없을까? 없다. 가능한 덜 어렵게 먹을 수 있을 뿐이다.

5. 이 책은 플라톤의 빵가게에 새로 등장한 신제품이다. 말랑말랑하고 부드럽다. 치아가 부실한 사람도 씹을 수 있다. 하지만 이 말 역시 상대적이다. 세상에는 정말 형편없는 치아를 가진 사람도 많으니까.

6. 그래서 빵 크기도 줄였다. 오래 씹는 고통을 줄여주기 위해서. 크림도 더 얹었다. 쉽게 먹으라고 많이 얹었다.

7. 빵을 잘라놓기도 했다. 첫번째 빵부터 열번째 빵까지 제목도 달았다. 제목 안에 소제목도 들여놨다. 아기자기하게 맛보시라고.

8. 씹는 맛을 살리기 위해 희곡의 형식을 취하기도 했다. 대화 상대자가 누구 인지 분명히 알도록. 원래의 빵에는 그것이 없었다. 그래서 씹다보면 남의 빵을 씹기 일쑤였다.

9. 그러나 빵 안에 소화제를 넣지는 않았다. 방부제 따위는 당연히 안 넣었다. 몸에 좋은 것만 넣으려고 애썼으나, 이 역시 상대적이다.

10. 이 빵은 옥스퍼드 대학 출판부에서 나온 '옥스퍼드 월드 클래식스 시리즈' 가운데 하나인 《리퍼블릭Republic》을 기본 텍스트로 삼았다. 행여 품질에 하자가 있다면 그건 순전히 이 빵을 만든 사람의 책임이다. 유통기한이 없 으므로, 당연히, 그 책임에 기한이란 없다.

대화에 나오는 사람들

- 소크라테스Socrates: 플라톤의 스승인 고대 그리스의 철학자. 대화를 주도하는 인물.
- 케팔로스Kephalos: 시라쿠사 출신의 귀족으로 웅변가 리시아도스의 아버지. 무기 제조공장을 운영해 돈을 많이 벌었다. 이날의 대화는 이 사람의 집에서 이루어진다.
- 폴레마르코스Polemarchos: 케팔로스의 큰아들. 소크라테스의 추종자로 1권에 잠깐 등장한다.
- 트라시마코스Thrasymachos: 칼케돈 출신의 소피스트. 소크라테스보다 열 살쯤 연하로 보인다.
- 글라우콘Glaukon: 플라톤의 형. 아데이만토스와 함께 소크라테스의 주요 대화 상대자로 나옴.
- 아데이만토스Adeimantos: 플라톤의 형. 글라우콘의 바로 아래 동생으로 추측됨.

차례

14 | 독자에게

16 | 대화에 나오는 사람들

19 | 제1권 정의의 이익

57 | 제2권 국가의 탄생

85 | 제3권 수호자들을 위한 교육

113 | 제4권 정의로운 삶

145 | 제5권 공산사회와 남녀평등

171 | 제6권 철학자와 통치자

197 | 제7권 선의 이데아와 이상국가

223 | 제8권 잘못된 국가 체제

241 | 제9권 지혜를 사랑하는 사람들의 왕국

261 | 제10권 시인 추방론과 영혼 불멸설

285 | 부록

제1권

정의의 이익

그렇다면 트라시마코스, 결론은 자명해졌소. 어떤 기술이나 어떤 통치도 그
자신에게 이익을 주는 것이 아니라 그 대상, 즉 기술은 기술의 대상, 통치
는 통치의 대상에 이익을 주는 것이오. 그러니까 통치자로서의 강자는 자
신의 이익을 도모한다기보다는 통치받고 있는 약자의 이익을 도모한다고
봐야 하오.

소크라테스는 글라우콘과 함께 피레우스Piraeus[1]로 가 축제를 구경한다. 구경을 마치고 아테네로 돌아오는 길에 케팔로스의 아들 폴레마르코스를 만난다. 폴레마르코스 역시 축제 행렬을 구경하고 집으로 돌아가는 길이다. 폴레마르코스는 소크라테스를 자신의 집으로 초대한다. 소크라테스는 일행과 함께 초대 받은 집에 도착하고 거기서 폴레마르코스의 아버지인 케팔로스를 만나 대화를 시작한다.

소크라테스와 케팔로스의 대화: 정의란 무엇인가?

케팔로스 소크라테스 선생, 마침 잘 와주었소. 그간 뜸했구려. 나이

---

1) 아테네에서 남서쪽으로 7킬로미터쯤 떨어진 곳에 있는 외항 도시.

들어 늙다보니 바깥출입하기가 예전 같지 않소. 그러니 한 살이라도 젊은 소크라테스 선생께서 자주 좀 찾아주시오. 친척집 드나들 듯 말이오. 젊은 친구들과 어울리는 것도 재미있겠지만 나 같은 늙은이와 이야기를 나누는 것도 나쁘진 않을 게요.

소크라테스 물론입니다, 케팔로스 님. 저 역시 나이 드신 분들 과의 대화를 즐기는 편입니다. 어르신들이야말로 우리보다 앞서 많은 경험을 하신 분들이니까요. 저는 늘 노년의 삶에 대해 큰 관심을 갖고 있습니다. 나이 든다는 게 무엇인지, 인생에서 노년의 삶이 얼마나 힘든 것인지 들려주셨으면 합니다.

케팔로스 좋습니다. 소크라테스 선생! 그 점에 대해 내가 어떻게 생각하고 있는지 알려드리지요. 사실 우리 노인들은 모였다 하면 젊었을 때의 쾌락을 잊지 못해 과거를 회상하고 아쉬워하지요. 마치 아끼던 물건을 잃고 비탄에 잠기듯 말이오. 하지만 소크라테스 선생, 그러한 탄식은 불행의 원인을 잘못 짚어낸 탓이오. 늙음이 원인이라면 노인들은 누구나 비탄에 빠져 있어야겠지요. 그러나 그렇지 않은 사람들도 많답니다. 가령 소포클레스[2]의 경우만 해도 그렇습니다.

---

2) 소포클레스Sophocles(기원전 496?~406): 그리스 3대 비극작가 중의 한 사람. 아테네 교외의 콜로노스에서 부유한 집안의 아들로 태어나 최고의 교육을 받았다. 아이스킬로스로부터 비극을 사사해 스물여덟 살 때 비극 경연대회에 응모, 스승인 아이스킬로스를 꺾고 우승한 후 수많은 작품을 남겼다. 정치가로서의 역량도 탁월해 페리클레스와 더불어 10인의 지휘관직에 선출되기도 했다. 현존하는 대표 작품으로는 《아이아스》《안티고네》《오이디푸스왕》《엘렉트라》《트라키스의 여인》《필록테테스》《콜로노스의 오이디푸스》 등이 있다.

언젠가 소포클레스와 함께 있는데 누군가가 물었어요. "소포클레스, 요즘 재미가 어떠신가. 아직도 여자를 즐기시나?" 그러자 소포클레스가 말했지요. "그런 말 말게. 애욕의 구렁텅이에서 빠져나온 지 오래 되었네. 난 지금 더할 나위 없이 기쁘네. 마치 광폭하고 사나운 폭군의 손아귀에서 벗어난 느낌이네." 나는 그때 소포클레스의 이러한 답변이 명언이라고 생각했습니다. 지금도 그 생각엔 변함이 없지요.

소크라테스 선생, 나이 든다는 것은 어떤 면에서 좋은 것이오. 욕망의 번거로움에서 벗어나 평안을 얻을 수 있으니 말이오. 그러니 어떤 사람이 불행하다면, 그 원인을 나이 탓으로 돌려서는 안 될 듯하오. 중요한 것은 자신의 성격과 생활 방식이지요. 절제의 미덕을 발휘해 작은 것에도 만족할 줄 안다면 늙음이 그리 괴롭지는 않습니다. 절제하지 못하면 늙으나 젊으나 괴롭기는 마찬가지니까요.

소크라테스 하지만 케팔로스 님, 노년의 평안을 성격이나 생활방식에서 찾지 않을 수도 있습니다. 많은 사람들은, 그 원인을 재산의 많고 적음에 돌리기도 하지요. 부유한 사람들은 그렇지 못한 사람에 비해 위안거리가 많을 테니까요.

케팔로스 일리 있는 지적입니다. 훌륭한 인품을 지닌 사람도 가난하다면 마음이 편할 리 없지요. 그러나 재산이 아무리 많아도 성품이 그릇되면 마음 편히 살아갈 수 없는 노릇입니다.

소크라테스 그런데 케팔로스 님, 어르신은 재산을 모으기도 했지만 상속받으신 것도 많을 겁니다. 어느 쪽이 더 많으신가요?

케팔로스 아, 내 재산이 궁금하시다 이거군요. 내 재산은 할아버님 대와 아버님 대의 중간쯤 될 거요. 그러니까 나와 이름이 같은 할아버님께선 지금의 내 재산 만큼을 물려받아 몇 갑절 늘렸는데, 반대로 내 아버님께선 지금의 내 재산 이하로 까먹었지요. 두 양반의 재산을 합해서 반으로 나누면 현재의 내 재산쯤 될 거요.

소크라테스 그러시군요. 케팔로스 님께선 돈에 대한 집착이 그리 크지 않을 것 같아서 여쭤봤습니다. 일반적으로 볼 때, 재산을 물려받은 사람들은 어르신처럼 돈에 대해 관대한 태도를 취하지요. 반면 스스로 돈을 모은 사람들은 남다르게 돈에 집착하는 경향이 있어요. 그것은 시인이 자기 작품에 대해 애착을 느끼고 부모가 자식에 대해 애정을 갖는 것과 같지요. 같은 재산이라도 본인이 애써 모았다는 생각이 들면 더 집착하게 되고, 그래서 곧잘 사람들로부터 야박하다는 소리를 듣기도 합니다. 재산을 지키는 데 몰두한 나머지 인심을 잃게 되는 경우지요.

케팔로스 지당하신 말씀이오.

소크라테스 그런데, 하나 더 여쭙겠습니다. 재산이 많아 덕 본 것 중, 어르신께서 가장 좋았던 것은 무엇입니까?

케팔로스 소크라테스 선생, 사람이 죽을 때가 되면 말이오, 전에 없던 걱정과 두려움이 생기는 법이오. 그러니까 사후 세계에 대해 관심이 생겨 온갖 상상의 나래를 펴고는 한다오. 그래서 자신이 살아오는 동안 뭐 잘못한 것은 없는지, 있다면 그것 때문에 벌을 받지나 않을까 노심초사하지요. 하지만 일생 동안 떳떳이 살아온 사람은 좀

달라요. 그런 사람이라면 아무 거리낌도 없이 미래에 대해 밝은 희망을 갖고 살아갈 수 있지요. 핀다로스[3]의 말대로, 밝은 희망이 늙음을 달래주는 것이오. '희망이 정의와 성스러움 속에 사는 사람의 영혼을 달래준다'는 말은 참으로 멋진 말이오.

재산은 이럴 때 아주 유용하다오. 훌륭하고 선한 사람에게 돈의 가치는 최고조로 발휘되는 법이오. 삶이 풍족하므로 남을 속이거나 해칠 일도 없지요. 신께 제물을 바치지 못해 안절부절할 이유도 없거니와 남의 돈을 갚지 못해 불안감에 싸여 죽을 일도 없으니 그런 복이 또 어디 있겠소.

소크라테스 참으로 훌륭하신 말씀입니다. 그런데 케팔로스 님! 방금도 핀다로스의 말을 빌어 말씀하셨지만, 정의正義란 무엇입니까? 빌린 것을 갚거나 거짓말하지 않는 것을 정의라고 봐도 될까요? 그렇지 않으면 이 문제가 좀 말랑말랑해서, 장소와 시간에 따라 이럴 땐 이렇고 저럴 땐 저런 게 정의일까요?

가령, 어떤 친구가 내게 무기를 맡겼다고 가정해보죠. 당시 그 친구는 멀쩡했어요. 그런데 무기를 돌려받기 위해 찾아왔을 때 그 친구의 정신 상태가 이상해져서 미친 사람이 됐을 경우, 무기를 돌려줘야 할까요 말아야 할까요. 아마 사람들은 미친 사람에게 정직하게

---

3) 핀다로스(기원전 518? ~ 438?): 그리스의 대표적 서정시인 중 한 사람으로 왕후와 귀족들을 찬미하는 시를 주로 지었다. 민주화의 여파로 왕후와 귀족들이 몰락한 뒤로는 고귀한 혼의 부활을 절규絶叫하는 시들을 많이 남긴 것으로 알려져 있다. 후대에 '핀다로스풍風'이라 불리는 오드ode(운율을 지닌 서정시의 일종)를 완성하기도 했다.

대하는 것이 반드시 옳은 일은 아니라고 말할 겁니다.

케팔로스 맞는 말이오.

소크라테스 그렇다면 문제가 좀 복잡해지는군요. 진실을 말하는 것이나 빚을 갚는 일 따위가 정의의 의미 규정이 될 수는 없으니 말입니다.

그때 케팔로스의 큰아들인 폴레마르코스가 끼어들면서 "그게 정의로 통용될 수도 있습니다" 하고 말참견을 했다. 그러자 케팔로스가 자신은 이제 토론을 두 사람에게 맡겨야겠다며 "신께 제사 지낼 준비도 해야 하니까" 하고는 자리를 떴다. 대화는 자연스럽게 소크라테스와 폴레마르코스 간에 이루어졌다.

폴레마르코스가 대화에 끼어들다:
정의로운 사람이 불의를 행할 가능성이 가장 큰 이유

폴레마르코스 소크라테스 선생님! 시모니데스[4]의 말을 믿는다면, 정의의 의미 규정은 여전히 유효합니다.

---

4) 시모니데스(기원전 556? ~ 468?): 에게해의 키오스 출신으로 그리스의 대표적 서정시인 중 한 사람. 페르시아 전쟁 때 테르모필레를 지키다가 전사한 스파르타 장병들을 기리며 노래한 비명이 특히 유명하다. 철학이 그 지위를 얻기 전까지는 시인들의 말에 권위가 있었다.

소크라테스 말해보게, 폴레마르코스. 시모니데스가 정의에 관해 그렇게 훌륭한 말을 했다니, 그게 무엇이지?

폴레마르코스 그는, '남에게 빌린 것은 반드시 돌려주는 게 옳다'고 말했습니다. 이 말은 제가 보기에 흠잡을 데 없이 훌륭한 말인 것 같습니다.

소크라테스 하긴 그렇네. 현명한 시모니데스의 말이니 틀림이 없겠지. 하지만 이보게, 자넨 그 말의 참뜻을 알고 있나? 좀 전에 우리가 나눈 이야기와는 그 취지가 다르니 하는 말일세. 상대가 정신이상자라면 설령 무기를 빌렸다고 해도 그것을 되돌려줄 수는 없는 일이네. 그렇지 않은가?

폴레마르코스 그렇습니다.

소크라테스 그렇다면 시모니데스의 말이 뜻하는 바는 뭘까?

폴레마르코스 선을 행하라는 말 아닐까요? 친구를 위해 좋은 일을 하라는 뜻이죠.

소크라테스 그러니까 친구지간의 경우, 빌린 것을 되돌려줬을 때 그것이 당사자에게 해가 된다면 돌려주지 않는 것이 선이 아닌가. 자네가 말하는 시모니데스의 이야기가 그런 뜻 아닌가?

폴레마르코스 그렇습니다.

소크라테스 그렇다면 상대방이 적일 경우에는 어떻게 하나. 그때도 빌린 것을 돌려줘야 하는가?

폴레마르코스 물론입니다. 하지만 상대가 적이므로, 그에 어울리는 방식으로 되돌려줘야 한다고 생각합니다. 즉 적에게 해가 되는 방식으로, 악으로 갚아야 한다고 봅니다.

소크라테스 그렇다면 시모니데스는 시인답게 정의의 본질에 대해 얘기한 것 같네. 그의 참뜻은 각자에게 적합한 것을 주는 것이 정의이고 부채를 상환하는 방식 또한 그러한 것이라고 하니 말일세.

폴레마르코스 아마도 그것이 참뜻인 것 같습니다.

소크라테스 그렇다면 폴레마르코스, 정의가 주는 '적합한 것'이란 무엇인가?

폴레마르코스 친구에게는 이익을, 적에게는 해악을 주는 것입니다.

소크라테스 그것이 정의란 말인가?

폴레마르코스 그렇게 생각합니다.

소크라테스 그렇다면 병에 걸렸을 때, 친구나 적에게 적절한 조치를 내릴 수 있는 사람이 누구인가?

폴레마르코스 의사입니다.

소크라테스 항해를 할 때 바다의 위험으로부터 우리를 보호해 줄 사람은?

폴레마르코스 선장이겠죠.

소크라테스 그런데 폴레마르코스, 사람이 건강할 땐 의사가 필요 없지 않겠나?

폴레마르코스 그렇습니다.

소크라테스 항해하지 않을 때도 선장은 필요 없겠지?

폴레마르코스 물론입니다.

소크라테스 그렇다면 평화시에는 정의가 필요치 않다는 것인가?

폴레마르코스 그건 아닙니다. 전쟁시에나 평화시에나 정의는 항상 필요합니다.

소크라테스 곡물의 수확에 필요한 농사 기술처럼 말인가?

폴레마르코스 네.

소크라테스 구두를 만들려면 제화공이 필요하듯이?

폴레마르코스 그렇죠.

소크라테스 그런데 대체, 평화시에 정의가 어떠한 일을 하는 데 유용하고 필요하다는 말인가?

폴레마르코스 정의는 계약과 같은 일을 할 때 필요합니다.

소크라테스 계약이란 누군가와 어떠한 관계를 맺는다는 말 아닌가?

폴레마르코스 그렇습니다.

소크라테스 그렇다면 바둑을 둘 때, 유용한 사람은 정의로운 사람인가 바둑을 잘 두는 사람인가?

폴레마르코스 바둑을 잘 두는 사람입니다.

소크라테스 정리하자면, 유용한 것은 정의라기보다 기술 아니겠는가? 이렇게 생각해보면 정의라는 것은 그리 대단한 게 아닐지도 모르네. 가령 또 이런 것을 생각해보세. 권투 같은 시합을 할 때 공격 기술이 뛰어난 사람은 방어 기술도 뛰어날 걸세. 그렇지 않은가?

폴레마르코스 그렇습니다.

소크라테스 병을 잘 고치는 사람은 병을 예방하는 데도 유능할 걸세.

폴레마르코스 그렇겠죠.

소크라테스 또 방어에 능한 자가 공격에 능하듯이, 뭔가를 잘 지키는 자는 뭔가를 훔치는 데도 유능할 거고.

폴레마르코스 그렇게 생각됩니다.

소크라테스 그렇다면 정의로운 사람이야말로 불의를 행할 가능성이 가장 크다는 결론이 나오네. 결국 정의란 도둑질을 잘하는 하나의 기술이 되어버리고 말았네. 다만 자네 말처럼, 친구에게는 이익이 되고 적에게는 해를 주는 방법으로 말일세.

이 대목에서 폴레마르코스는 대경실색해 소크라테스의 말을 부정했다.

소크라테스의 판단:
정의로운 자는 누구에게도 해를 끼칠 수 없다

폴레마르코스 소크라테스 선생님! 당치도 않으십니다. 사실 저는 제가 지금껏 무슨 말을 해왔는지도 모르겠습니다. 하지만 이것 하나만은 분명합니다. 정의란 '친구에게 이익을 주고 적에겐 해악을 주는 것'이라는 거죠.

소크라테스 흥분하지 말게 폴레마르코스, 다시 묻겠네. 자네가 말하는 친구나 적은 누구를 말하는가. 실제의 친구나 적을 가리키는가, 아니면 외관상 그렇게 보이는 사람을 가리키는 것인가?

폴레마르코스 사람에겐 누구나 호감이 가는 상대라는 게 있기 마련이죠. 그래서 좋아하는 사람은 사랑하게 되고 싫어하는 사람은 미워하게 되죠.

소크라테스 그런데 폴레마르코스, 인간의 판단엔 한계가 있네. 선과 악을 명확히 구분하기가 어렵다는 말일세. 그래서 종종 선량한 자를 악하게 보거나 악한 자를 선량하게 보는 잘못을 범하기도 하네.

폴레마르코스 그건 그렇습니다.

소크라테스 결국 악한 자에게 이득을 주고 선한 자에게 해를 끼치는 일도 발생할 수 있다는 얘기 아닌가?

폴레마르코스 그럴 수도 있겠습니다.

소크라테스 그렇다면 선량한 사람을 해치는 일이 정의의 몫이 될 수도 있지 않은가?

폴레마르코스 무슨 말씀이십니까, 소크라테스 선생님! 그건 아무래도 궤변 같습니다.

소크라테스 그러나 찬찬히 생각해보게. 인간에 대해 무지한 사람은 사기꾼 같은 친구를 두는 경우도 많네. 그 반대의 경우도 있지. 적이지만 훌륭한 사람, 본받을 만한 덕을 지닌 사람도 있단 말일세.

폴레마르코스 그렇습니다. 그러면 이 시점에서 친구나 적에 대한 생각을 바꾸는 게 좋겠습니다. 이렇게 하죠. 친구란 그러니까, 좋은 사람이라고 생각될 뿐만 아니라 실제로도 좋은 사람을 뜻하는 걸로 하죠. 또 적이란, 외관상 좋은 사람 같아 보이긴 하나 실제로는 그렇지 못한 사람을 뜻하는 걸로.

소크라테스 그러니까 자네는, 좋은 사람은 친구고 나쁜 사람은 적이라 이 말이지?

폴레마르코스 네.

소크라테스 더불어 좋은 친구에게는 선을 베풀고 나쁜 적에게는 해를 끼치는 것이 정의라 이 말이고?

폴레마르코스 네. 그렇게 규정하는 것이 제 생각을 바르게 표현한 것 같습니다.

소크라테스 그런데 폴레마르코스, 정의로운 사람이 남에게 해를 끼칠 수 있을까?

폴레마르코스 상대가 적이라면 해를 끼칠 수 있다고 생각합니다.

소크라테스 그럼 다시 묻겠네. 여기 말 한 마리가 있네. 이 말이 상처를 입었어. 그럼 이 말은 온순하게 될까 사납게 될까?

폴레마르코스 사나워질 겁니다.

소크라테스 사나워진다는 것은 그 말의 선량한 성격이 파괴된다는 것을 뜻하지 않나? 아닌가? 말이 아니고 개의 성격이 파괴되는 것인가?

폴레마르코스 그럴 리가 있습니까? 말의 성격이 파괴되는 것입니다.

소크라테스 그렇다면 사람의 경우에는 어떻게 될까? 어떤 사람이 상처를 입었다면, 그 사람의 미덕 역시 상처를 입지 않겠나?

폴레마르코스 그럴 겁니다.

소크라테스 그 사람의 미덕이란 곧 정의가 아니겠는가?

폴레마르코스 정의입니다.

소크라테스 그러면 상처를 입은 사람은 자신의 미덕이 손상된 만큼 부정한 사람이 될 수밖에 없겠군. 안 그런가?

폴레마르코스 그럴 것 같습니다.

소크라테스 그렇다면 폴레마르코스, 의로운 사람이 자신의 정의로 다른 사람을 의롭지 않게 할 수 있을까? 즉 자신의 좋은 품성으로 다른 사람을 나쁘게 할 수 있는가 이 말일세.

폴레마르코스 그럴 수는 없습니다.

소크라테스 그렇지. 선한 데서 선한 게 나오겠지. 콩 심은 데서 콩이 나오고 팥 심은 데서 팥이 나오듯이.

폴레마르코스 물론입니다.

소크라테스 그러니 선한 사람은 누구에게도 해를 끼칠 수 없겠군.

폴레마르코스 그렇습니다.

소크라테스 그렇다면 폴레마르코스, 남에게 해를 끼치는 것은 그 상대가 친구이든 적이든 정의로운 자가 할 일이 아닐세. 그것은 정의로운 자의 반대편에 있는 나쁜 자가 할 일이네.

폴레마르코스 옳으신 말씀입니다.

소크라테스 그러니 각자의 부채를 청산해야 한다고 하면서 친구와 적을 구별해 이익과 해악을 나누는 것이 정의라고 주장하는 것은 잘못이네. 그것은 결코 현명한 판단이 아니지. 상대가 누구이든, 해악을 끼치는 행위는 정의로운 자가 할 일이 아니니 말일세.

폴레마르코스 그렇습니다. 선생님의 말씀에 동의합니다.

이때 트라시마코스가 화가 난 어조로 끼어들었다. 그는 두 사람이 토론을 하고 있는 동안 몇 차례나 끼어들려고 했지만 합석해 있던 주위 사람의 만류로 뜻을 이루지 못하고 있었다. 그런데 이야기가 잠시 일단락되고 침묵이 흐르자, 그는 더 이상은 참을 수 없다는 듯 사나운 짐승처럼 달려들었다. 소크라테스와 폴레마르코스는 이 돌연한 상황에 당황할 수밖에 없었다. 트라시마코스가 두 사람에게 소리치듯 말했다.

트라시마코스가 말하는 정의: 정의는 강자의 이익이다

트라시마코스 이거 원, 대체 아까부터 무슨 헛소리들을 하는 거요! 내 귀에는 당신들 얘기가 말장난처럼 들릴 뿐이오. 한쪽에서 질문하면 다른 한쪽에서 대답하고, 답변보다 질문이 더 쉽다는 것쯤은 상식이오. 소크라테스 선생! 진정 정의가 무엇인지 알고 싶다면 그런 말장난일랑 집어치우고 제대로 답변해보시오. 도대체 정의가 뭐요?

소크라테스 아, 트라시마코스. 너무 화를 내지는 마시오. 혹시 내가 폴레마르코스에게 뭔가 잘못 얘기한 게 있다면 그건 본의가 아니니 이해해주시오. 우린 지금 최선을 다하고 있소. 다만 우리의 능력이 부족해 갈팡질팡할 뿐이지. 그러니 당신처럼 유능한 사람이 우리를 좀 도와주는 게 어떻겠소? 화를 내기보다는 그러는 편이 더 당신답지 않겠소?

트라시마코스 아하! 드디어 본색을 드러내시는구먼. 당신의 그 상투적인 말버릇, 답변은 회피하면서 질문만 해대는 그 말버릇, 그럴 줄 알고 내 이미 이 사람들에게 말해두었소. 누가 질문하든 선생은 시치미를 떼거나 온갖 수단을 써서 답변을 회피할 것이라고 말이오.

소크라테스 그렇다면 트라시마코스, 그대는 정의가 뭐라고 생각하시오?

트라시마코스 만일 내가 정의에 대해 이제까지 해온 논의의 결과보다 더 훌륭한 답변을 한다면 어떻게 할 것이오? 어떤 벌이라도 받으시겠소?

소크라테스 허허! 필요하다면 무지함에 대한 벌을 받아야겠지요. 지혜로운 자의 가르침을 받는다는 것은, 그것 자체로 벌이기도 하니까 말이오.

트라시마코스 배짱이 두둑하시군요. 하지만 그 정도로는 안 됩니다. 벌금도 내셔야 해요.

소크라테스 돈이 생기면 내도록 하겠소.

　　이때 "그 정도의 돈이라면 제가 내겠습니다, 소크라테스 선생님!" 하고 글라우콘이 끼어들면서 말했다.

트라시마코스 그래! 결국은 이렇게 되는구만. 이게 전형적인 소크라테스식 수법이지. 그럼 좋습니다. 이제부터 정의가 무엇인지 제 생각을 말해보겠습니다.

소크라테스 좋소. 어서 말해보시오.

트라시마코스 정의란 '강자의 이익'을 뜻합니다.

소크라테스 강자의 이익? 무슨 말인지 모르겠군요, 트라시마코스. 설마 그대는 씨름꾼이 우리보다 힘이 세고, 쇠고기가 그의 체력 증진에 도움이 되니 우리에게도 쇠고기는 역시 이익이라는 논리를 펴려는 것은 아니겠지요?

트라시마코스 소크라테스 선생, 당신은 참 지독한 사람이군요. 남의 주장을 왜곡만 하려하니 말입니다.

소크라테스 그런 게 아니라오. 난 그대의 말을 정확히 이해하려고 애쓸 뿐이지. 그러지 말고 좀더 분명히 말해주시오.

트라시마코스 좋습니다. 그럼 선생께선 국가의 통치 체제에 대해 알고 계신지요? 어떤 국가는 참주 체제로 다스려지고 어떤 국가는 민주 체제나 귀족 체제로 다스려진다는 것을 알고 계십니까?

소크라테스 물론 알고 있소.

트라시마코스 해당 국가의 권력을 행사하는 사람은 누구입니까? 지배계급의 사람들이겠죠?

소크라테스 그렇소.

트라시마코스 그런데 지배계급에 속한 사람들이 법률을 만들 땐 어떻게 합니까? 자신에게 유리한 쪽으로 법률을 제정합니다. 다시 말해 민주 체제에선 민중을 중심으로, 참주 체제에선 참주를 중심으로, 그리고 귀족 체제에선 귀족을 중심으로 법률을 제정합니다. 그리고 이를 위반하면 정의에 어긋난 범죄자로서 처벌을 하죠. 이는 어느 나라에서나 동일합니다. 지배계급의 이익을 대변하는 것이 정의이고 이는 곧 강자의 이익을 말하죠.

소크라테스 알겠소. 이제 그대의 말뜻을 알았으니 그 주장이 옳은지 검토해봅시다.

트라시마코스 그러시죠.

소크라테스 그대가 방금 통치자의 논리를 얘기했으니 말이지만, 국민은 통치자에게 복종해야 하고 그것은 옳은 일이다, 이것이 그대의 주장이오?

트라시마코스 그렇습니다.

소크라테스 그런데 통치자들은 어떤가요. 그들은 전혀 과오를 저지르지 않는 사람들이오? 아니면 때로 과오를 저지르기도 하오?

트라시마코스 때로 과오를 저지르기도 한다고 봐야죠.

소크라테스 그렇다면 법률을 만들 때, 그들이 올바로 만들 수도 있지만 그렇지 못할 수도 있다는 말 아니오?

트라시마코스 그렇죠.

소크라테스 그럼 올바르게 만든다는 것과 그렇지 못하다는 것은 무엇이오? 올바르게 만들었을 때는 자신들에게 이익이 돌아가지만 그렇지 못했을 때는 이익이 돌아가지 않는다는 뜻 아니오?

트라시마코스 그렇습니다.

소크라테스 하지만 옳든 그르든, 통치자가 만든 그 법률을 국민은 따라야 한다는 것이 정의라는 말이기도 하고?

트라시마코스 물론입니다.

소크라테스 그렇다면 이상하군요. 정의란 강자의 이익에 복무하는 것뿐만 아니라 그 반대의 경우에도 해당되는 것이니 말이오.

트라시마코스 무슨 말씀을 하시는 겁니까?

소크라테스 난 지금 그대의 주장을 대변하고 있소. 생각해보시오. 통치자들이 법률을 만들 때 항상 그들의 이익에 복무하는 법만을 만드는 것은 아니오. 실수할 때가 있기 때문이지. 그건 이미 그대도 인정했소. 아울러 이 법을 따르는 것이 정의라는 것도 그대는 인정했소.

그렇다면 트라시마코스, 강자에게 이익이 되지 않는 일을 따르는 것도 올바른 일이오. 본의는 아니었겠지만, 통치자들이 스스로에게 해가 되는 일을 따르도록 지시하더라도 국민들은 그 지시를 따라야 하고 그것이 곧 정의라고 주장하니 말이오. 그럴 경우 강자의 이익에 반하는 것을 따르도록 지시받았지만, 이 역시 정의를 수행하는 일이니 결국 그대의 주장과는 정반대의 것을 따르게 되는 것 아니겠소?

트라시마코스 소크라테스 선생! 당신은 정말 궤변가임에 틀림없습니다. 우리는 가끔 실수나 과오를 저지르기도 합니다만, 전문가들이라면 그렇지 않습니다. 예를 들어 의사나 수학자가 환자를 잘못 진단한다거나 계산을 틀리게 한다면, 그들을 의사나 수학자로 부를 수 있겠습니까? 진정한 전문가라면 그런 과오는 범하지 않습니다. 통치자도 마찬가지죠. 진정한 통치자라면 과오를 범하지 않을 뿐더러 자신을 위해 최선의 법을 만듭니다. 당연히 국민들은 따라야 하죠. 그러니 애초에 제가 주장했던 것, 강자의 이익을 행하는 것이 정의라는 나의 주장은 여전히 유효합니다.

소크라테스 아니 트라시마코스, 내가 정말 궤변론자처럼 보이시오? 내가 그대를 공박하기 위해 이러고 있다고 생각하오?

트라시마코스 당연히 그렇습니다. 선생께선 나를 함정에 빠뜨리려고 술수를 부리고 있으니까요. 하지만 소용없습니다. 정당한 방법으로 나를 꺾을 수는 없을 테니까요.

소크라테스 이봐요 트라시마코스, 내겐 그럴 의향이 전혀 없소. 그대가 그렇게 생각한다면 오해요. 그런 오해를 없애기 위해서도 분명히 해야 할 것이 있는데, 그대가 말하는 '강자' 말이오. 그 강자는 일반적인 의미에서 통치자를 말하는 거요, 아니면 그대 말대로 진정한 의미에서의 통치자를 말하는 거요?

트라시마코스 물론 진정한 의미에서의 통치자입니다.

소크라테스 그럼 다시 묻겠소. 그대가 말하는 진정한 의미의 의사란 누구를 말하는 거요? 병을 고치는 사람이오, 돈벌이를 하는 사람이오?

트라시마코스 병을 고치는 사람이죠.

소크라테스 선장은 어떻소. 선장이 선원들의 통솔자겠소, 단순한 선원이겠소?

트라시마코스 통솔자죠.

소크라테스 의사가 의사로 불리고 선장이 선장으로 불릴 수 있는 것은 의술이나 통솔력을 갖고 있기 때문이겠군요?

트라시마코스 그렇습니다.

소크라테스 의술이나 통솔력은 뭐겠소? 그 의술과 기술이야말로 환자나 선원들에게 어떤 이익을 주는 힘이라고 봐야 하지 않겠소?

트라시마코스 물론입니다.

소크라테스 그렇다면 의사가 의사인 한, 자신의 이익을 생각해 지시를 내리는 게 아니라 환자의 이익을 생각하며 지시를 내리는 것이오. 왜냐하면 진정한 의미에서 의사는 환자의 몸을 관리하는 사람이지 돈벌이를 일삼는 자가 아니기 때문이오. 이해하시겠소?

트라시마코스 이해합니다.

소크라테스 같은 차원에서 선장도 마찬가지요. 선장의 이익을 생각하고 지시하는 것이 아니라 선원들의 이익을 염두에 두면서 지시하는 것이 선장이오. 그러므로 트라시마코스, 통치자 역시 이와 같다고 봐야 하오. 진정한 의미의 통치자는 자신의 이익만을 앞세우지 않소. 국민들의 이익을 염두에 두고 지시하는 것이 통치자요.

대화가 여기에 이르러 정의에 대한 결론이 뒤바뀌자 트라시마코스가 새로이 전의를 불태우며 반격을 하고 나섰다.

트라시마코스의 항변: 진정한 의미의 통치자란?

트라시마코스 이봐요, 소크라테스 선생, 선생께도 유모가 있었습니까?

소크라테스 갑자기 웬 유모 타령이오. 내 질문엔 답변도 하지 않고.

트라시마코스 선생은 지금 콧물을 흘리는 아이와 같아 유모가 필요할 듯해서 그렇습니다. 선생은 양과 양치기도 구별 못할 만큼 어리니까요.

소크라테스 대체 무슨 말이오?

트라시마코스 선생께선 양치기들이 자신의 이익엔 아랑곳없이 양이나 소를 위해 존재할 뿐이라고 주장하기 때문입니다. 통치자의 경우도 마찬가지죠. 진정한 의미의 통치란 양과 양치기의 관계와 같습니다. 통치자들이 어떻게 하면 자신들에게 이익이 돌아올까 하고 밤낮없이 골머리를 싸매고 있다는 것을 선생께선 모르고 있습니다. 그리하여 정의란 강자의 이익을 옹호한다는 것을 깜빡하고 계십니다. 즉 정의란 통치자의 이익이며 통치자의 지배를 받는 이들에게는 해가 되는 것입니다. 피통치자는 통치자의 이익과 행복을 위해 봉사하지만 그들 자신은 전혀 그렇지 못합니다.

그러니 순진하신 소크라테스 선생! 선량한 자는 그렇지 못한 사람에 비해 언제나 손해를 보고 있다는 사실을 아셔야 합니다. 예를 들어 선량한 자와 불량한 자가 손을 잡고 사업을 하다 그 사업을 정리할 경우를 생각해보십시오. 이때 선량한 자는 불량한 자보다 손해를 보게 마련입니다. 불량한 자는 어떻게 하든 자신의 몫을 최대한 챙길 것이며 아울러 선량한 자는 손에 쥐는 것이 별로 없을 것이기 때문입니다.

국가의 경우도 마찬가지입니다. 세금을 낼 때도 불량한 자는 선량한 자에 비해 한푼이라도 세금을 덜 냅니다. 국가로부터 받을 것이

40

있을 때도 불량한 자가 더 악착같이 받아내게 마련입니다. 공직에 대해서도 같은 방식으로 말할 수 있죠. 선량한 자에 비해 불량한 자가 국가의 혜택도 많이 받아요. 그래서 한쪽은 풍요롭고 한쪽은 빈곤해요. 선량한 자는 공무를 악용해 자신의 배를 불릴 줄 모를 뿐 아니라 친척이나 친지들을 도와줄 배짱도 없으니 그들의 원망을 사는 것도 다반사입니다.

이를 이해하기 위해선 완벽한 상태의 불의에 대해 생각해보시면 됩니다. 이러한 불의는 그것을 범하는 자를 행복하게 하지만 그렇지 못한 자들을 비참하게 만들지요. 참주 정치의 경우가 그렇습니다. 참주는 남의 것을 하나씩 훔쳐내는 정도가 아니라 한꺼번에 송두리째 빼앗아버리지요. 자기가 원하는 것이면 설사 그것이 하느님의 것이라 하더라도 개의치 않고 가져가버립니다.

이러한 짓을 어느 한 개인이 저질렀다면 그는 비난을 피할 수 없을 것입니다. 하지만 대규모로 저질러졌을 경우, 가령 온 국민의 재산을 송두리째 삼켜버린다든가 온 국민을 노예로 삼아버린 경우에는 그러한 자를 불명예스럽게 취급하기는커녕 행복한 자요, 축복받은 자로 칭송합니다. 그러니 사람들이 불의를 비난하는 것은 그 불의에 희생양이 될까 겁나 그럴 뿐이지 이를 행하기가 두려워 그런 것은 아닙니다.

불의는 정의보다 훨씬 강한 힘과 자유, 권력을 갖고 있습니다. 따라서 애초에 말씀드렸듯이 정의는 강자의 이익입니다.

이렇게 폭포수처럼 말을 쏟아붓고 난 트라시마코스는 자리를 뜨려고 일어났다. 그러나 합석해 있던 사람들이 그를 놓아주지 않고 계속 해명할 것을 요구하자 그는 어쩔 수 없다는 듯 자리에 눌러앉았다. 소크라테스가 간청하듯 말했다.

소크라테스가 트라시마코스의 의견을 비판하다: 통치자는 약자의 이익을 대변한다

소크라테스 트라시마코스여! 그대의 견해는 참으로 놀랍소. 시사하는 바가 커요. 하지만 말을 했으면 그 말의 진실성에 대해 해명할 것은 해명하고 우리의 비판에도 귀를 기울여야 할 것 아니오? 그대는 인생의 여러 문제에 대한 우리의 고찰이 대수롭지 않다고 생각하는 모양이군요.

트라시마코스 천만에요. 저도 선생 못지않게 중시하고 있습니다.

소크라테스 트라시마코스, 난 그대의 주장을 납득할 수 없소. 불의가 정의보다 이익이 크다는 주장에 찬성할 수가 없소. 설사 불의가 무소불위의 권력을 지니고 있다 하더라도 그것이 정의보다 더 이익이라는 견해는, 나뿐만이 아니라 여기 있는 다른 사람들도 믿게 하지 못할 것이오. 그러므로 우리를 설득해 불의가 정의보다 강하다는 것을 납득시켜보시오.

트라시마코스 선생께서 제 말을 이해 못하시는데 어찌 납득시킬 수 있겠습니까? 제 주장을 선생 머리에 통째로 넣는 묘기라도 선보이라는 말입니까?

소크라테스 내가 요구하는 것은 논리적으로 일관된 견해를 펼쳐달라는 거요. 이랬다 저랬다 하지 마시고, 만일 견해를 바꾸고 싶다면 솔직히 토로하되 거기에 속임수를 써서는 안 되오.

말해 보시오, 트라시마코스. 그대는 좀 전에 의사를 언급할 땐 그 의미를 엄격하게 적용해놓고서, 지금 양치기를 얘기할 때는 그렇지가 않소. 그대는 양치기를 양치기로 생각하는 게 아니라 상인처럼 생각하고 있소. 양치기는 양치기로서의 직분에 최선을 다해야만 하고 그 입장에 충실해야 하오. 양치기가 양을 돌보지 않고 마치 식도락자들의 쾌락만을 염두에 두는 듯한 발언을 해서는 안 되오.

마찬가지로 통치자 역시 피통치자를 위해 최선을 다해야 한다는 것이 지금의 내 생각이오. 그런데 그대는 통치자, 말의 엄격한 의미에서 진정한 통치자는 권력만을 추구한다고 생각하는 모양이오.

트라시마코스 물론입니다. 생각하는 정도가 아니라 확신하고 있습니다.

소크라테스 그렇다면 다시 얘기해봅시다. 각각의 기술엔 저마다의 이익을 주는 영역이 있소. 즉 의술은 건강을, 항해술은 해상에서의 안전을 보장해주지.

트라시마코스 그렇습니다.

소크라테스 그럼 이익을 가져오는 것은 이익을 얻는 기술을 통해서 아니겠소? 그게 바로 보수를 얻는 기술의 특별한 기능일 테니까 말이오. 그러나 우리는 이 기술과 저 기술을 혼동하지는 않소. 즉 항해를 하는 선장이 항해의 노동 덕에 건강이 좋아졌다고 해서 그 선장의 항해술을 의술과 혼동하지 않는 것처럼 말이오. 항해술을 의술이라고 말하지는 않겠지요?

트라시마코스 물론 그렇지 않습니다.

소크라테스 그렇다면 선장이 보수를 받아 이익을 얻었을 때, 마침 건강 상태가 좋아졌다고 합시다. 그렇다고 그 보수 획득의 기술을 의술이라고 하지는 않겠지요?

트라시마코스 그렇습니다.

소크라테스 그럼 각자의 기술이 가져오는 이익은 그 기술에만 한정되어 있다고 볼 수 있겠군요.

트라시마코스 그렇습니다.

소크라테스 그렇지만 모든 전문가들이 공통으로 얻는 이익이 있다면, 해당 기술자의 전문 기술 이외에, 그 이익을 가져오는 공통적인 보수 획득의 기술이 있다고 보아야겠지요?

이 질문에 트라시마코스는 마지못해 수긍했다.

트라시마코스 그렇습니다.

소크라테스 그러니 트라시마코스여, 보수 획득은 전문가 특유의 기술로써만 이루어지는 것이 아니오. 의사가 의술로 환자를 치유하고 건축가가 건축술로 집을 짓기는 하지만 보수 획득은 그 나름의 기술을 통해 얻는다고 봐야 하오. 그 밖의 다른 기술도 마찬가지요. 모든 기술은 각자의 영역을 갖고 있으면서 각각의 대상에 이득을 주는 것이오. 즉 기술은 기술이 적용되는 대상에 이익을 줌으로써 그 기술을 구사하는 전문가에게 보수라는 이익을 부과하는 것이오.

트라시마코스 그렇습니다.

소크라테스 그렇다면 트라시마코스, 결론은 자명해졌소. 어떤 기술이나 어떤 통치도 그 자신에게 이익을 주는 것이 아니라 그 대상, 즉 기술은 기술의 대상, 통치는 통치의 대상에 이익을 주는 것이오. 그러니까 통치자로서의 강자는 자신의 이익을 도모한다기보다는 통치받고 있는 약자의 이익을 도모한다고 봐야 하오. 그러므로 참된 통치자는 자신의 이익을 돌보지 않고 언제나 대상의 이익(국민의 이익)을 돌보기 마련이오. 그런 의미에서 그들에게도 돈이건 명예건 보수가 주어져야 하며 그 지위를 거부할 경우엔 형벌이라도 주어져야 하는 거요.

　　이때 글라우콘이 끼어들었다.

글라우콘 소크라테스 선생님, 그것은 무슨 뜻입니까? 명예나 돈을 보수로 주는 것은 알겠지만 형벌에 대해서는 모르겠습니다. 형벌이 어떻게 보수가 될 수 있는지요?

소크라테스 자네는 훌륭한 사람들의 성향을 잘 모른단 말인가? 야심과 탐욕이 그들에겐 명예롭지 못한 것으로 취급된다는 것은 알고 있겠지?

글라우콘 물론 알고 있습니다.

소크라테스 훌륭한 사람에게 돈이나 명예는 그리 중요한 게 아니네. 고용된 자라는 인상을 받는 게 싫어 보수를 바라고 국가를 통치하지도 않을 뿐더러 직권을 이용해 사리를 취하지도 않네. 그것은 도적 같은 짓이니까. 또한 야심가도 아니므로 명예에도 관심이 없네. 그러므로 어떤 필연성이 주어질 때 그들을 통치자의 지위에 오르도록 하기 위해서는 형벌로써 그것을 강요할 수밖에 없지 않나?

그런데 실은, 훌륭한 사람들에게 가장 고약한 형벌이란, 통치자의 자리를 거부했을 때 겪을 수 있는 사태, 즉 자기보다 열등한 사람에게 지배를 받는 사태를 초래했을 경우네. 그래서 어떤 국가에 뛰어난 사람이 많으면 많을수록 통치의 권좌에 대한 경쟁은 치열해지는 법이네.

진정한 통치자란 이렇듯 자신의 이익을 위해서가 아니라 국민의 이익을 위해 복무하게 되는 것이지. 따라서 나는 트라시마코스의 주장을 받아들일 수가 없네. 그런데 여기서 짚고 넘어가야 할 부분이 있네. 바로 트라시마코스가 주장한, 불의의 삶이 정의로운 삶보다 더 이익이 된다는 주장일세.

자, 트라시마코스, 확인해주시오. 그대는 분명히 그렇게 얘기했지요?

트라시마코스 그렇습니다. 그렇게 말했고 나름대로의 이유도 말했습니다.

소크라테스 그대는 정의를 덕이라 하고 불의를 악이라 하겠지요?

트라시마코스 아뇨. 그 반대요.

소크라테스 정의를 악이라고 하려는 게요?

트라시마코스 차라리 '숭고한 단순함'으로 부르겠습니다.

소크라테스 그러면 불의가 해악이오?

트라시마코스 아뇨. '재기 넘치는 판단'으로 부르겠습니다.

소크라테스 그대는 불의한 사람을 영리하고 뛰어난 사람으로 생각하시오?

트라시마코스 어쨌든 그렇습니다. 완벽하게 부정을 저지를 수 있고 국가와 국민을 좌지우지할 수만 있다면 그렇지요. 그렇다고 소매치기 따위를 연상하실 필요는 없습니다. 물론 그것도 완벽하게 한다면야 나쁠 것이 없지만, 지금 말하는 것과 비교할 일은 아닙니다.

소크라테스 그대의 뜻을 모르는 것은 아니오, 트라시마코스. 그러나 그대가 불의를 지혜와 덕으로 취급하고 정의를 그 반대로 취급하는 것에 대해서는 놀라지 않을 수 없소.

트라시마코스 그래도 제 주장은 바뀌지 않습니다.

소크라테스 이쯤 되면 반박하기가 난감하게 되었군요. 그대가 다른 사람들처럼, 불의가 이익을 가져오긴 하지만 악이며 추한 것이라고 인정했다면 어떤 말이든 할 수 있을 것이오. 그러나 불의를 지혜나 덕과 같이 취급하고 있으니, 우리가 정의 속에 포함시키는 덕목들조차 그대는 불의에 포함시킬 심산인 모양이오.

트라시마코스 바로 보셨습니다. 말씀하신 그대로입니다.

이 시점에서 소크라테스는 토론을 진지하게 이어나갈 것을 다짐한다. 트라시마코스의 경악할 만한 주장이 조롱이나 농담 차원의 담론이 되는 것을 차단하겠다는 의도가 엿보이는 대목이다.

소크라테스의 주장: 정의로운 자는 현명하다

소크라테스 그럼 다시 묻겠소. 부정한 자는 현명하고 훌륭한 자를 닮았지만 정의로운 자는 그렇지 않단 말이오?

트라시마코스 물론입니다.

소크라테스 좋소, 트라시마코스. 다시 기술의 경우를 들어 생각해봅시다. 세상엔 음악에 조예가 있는 사람도 있고 그렇지 못한 사람도 있소. 그대는 어느 쪽이 더 지혜가 있다고 생각하시오.

트라시마코스 조예가 있는 쪽이 더 지혜롭다고 말해야겠습니다.

소크라테스 그렇다면 한쪽은 지혜를 가졌기 때문에 우수하지만 다른 쪽은 그렇지 못하기 때문에 열등하다고 말할 수 있겠군요?

트라시마코스 그렇습니다.

소크라테스 그럼 의사는 어떻소? 의사의 경우도 같은 말을 할 수 있겠소?

트라시마코스 물론입니다.

소크라테스 그렇다면 지혜로운 음악가가 음을 조율할 때, 자신의 분수를 넘어 다른 음악가처럼 되고자 노력할 것이라 생각하오?

트라시마코스 안 그렇겠지요.

소크라테스 그러나 음악에 조예가 없는 사람에 비해서는 어떻소?

트라시마코스 그를 능가하려 하겠지요.

소크라테스 의사도 마찬가지 경우로 얘기할 수 있겠군요?

트라시마코스 그렇습니다.

소크라테스 그럼 지식과 무지 일반에 관해 생각해봅시다. 어떤 분야의 전문가가 다른 전문가보다 더 뛰어나다고 생각할 것 같소? 같은 분야의 전문가들끼리 말이오. 오히려 같은 언행을 취하려고 하지 않겠소?

트라시마코스 그럴 겁니다.

소크라테스 무지한 사람의 경우는 어떻겠소? 유·무식을 떠나 어떤 사람에게나 이겨보려고 덤비지 않겠소?

트라시마코스 그렇겠지요.

소크라테스 전문 지식이 있는 자는 지혜로운가요?

트라시마코스 그렇습니다.

소크라테스 현명하기도 하고?

트라시마코스 그렇습니다.

소크라테스 전문 지식이 없는 자는 지혜롭지 못하지요?

트라시마코스 그렇습니다.

소크라테스 그렇다면 지혜로운 사람은 자기와 비슷한 부류의 사람들을 앞지르려 하지 않을 것이고 그렇지 못한 사람은 반대의 행동을 취하지 않겠소?

트라시마코스 그렇습니다.

소크라테스 그러니까 트라시마코스, 지혜롭지 못한 자는 지혜로운 자에 대해서나 그렇지 않은 자에 대해서나 자기가 더 뛰어나다고 여기겠군요.

트라시마코스 그렇습니다.

소크라테스 지혜로운 자는 그 반대고?

트라시마코스 그렇겠지요.

소크라테스 그렇다면 트라시마코스, 정의로운 자는 지혜롭고 현명한 자를 닮았으나 그렇지 못한 자는 지혜롭지 못한 사람을 닮은 게 아니겠소?

트라시마코스 그런 것 같습니다.

소크라테스 따라서 정의로운 사람은 현명하고 지혜로우나, 그렇지 못한 사람은 무지하고 열등한 사람이라는 것이 판명되었소!

이제까지 트라시마코스가 모든 것에 동의하긴 했지만 그렇게 순조로웠던 것만은 아니다. 그는 머뭇거리며, 질질 끌려가는 사람처럼 더듬더듬 따라왔다. 얼굴을 붉히는가 하면 찡그리기도 하고, 무더운 여름 탓이기도 했지만 땀도 흘렸다. 어쨌든 소크라테스와 트라시마코스는 정의는 덕이며 지혜이지만, 그렇지 못함은 악이며 무지라는 데 합의하고 다음 화제로 옮겨갔다.

이 부분에서 소크라테스는 정의와 불의가 갖고 있는 힘의 문제를 거론한다. 소크라테스는 정의가 불의보다 더 강력한 힘을 갖고 있으며 따라서 더 나은 삶을 영위할 수 있다고 주장한다. 하지만 트라시마코스는 불의의 힘이 더 강력하다고 주장하며 심드렁한 태도를 취한다.

트라시마코스의 패배: 정의로운 삶이 더 이익이다

소크라테스 자, 그렇다면 정의와 불의의 성격에 대해 규명해봅시다. 그대는 불의가 정의보다 더 크고 강하다고 주장하지만, 정의가 지혜고 덕이라면 불의보다 강할 것은 물어보지 않아도 뻔한 거요. 이 점에 대해서는 의심의 여지가 없소.

하지만 트라시마코스, 나는 이 문제를 다른 관점에서 고찰해보고 싶소. 어떤 우월한 국가가 불의에 사로잡혀 다른 국가를 예속시키려 한다고 가정해 봅시다.

트라시마코스 가정해보나 마나, 그걸 실행할 수 있는 나라는 가장 불의한 국가요.

소크라테스 그렇지. 그런 게 그대의 주장이었으니까. 하지만 우월한 국가의 이 힘이 정의의 배경 없이 행사될 수 있는가 하는 것이 문제라오.

트라시마코스 그건 간단합니다. 선생의 견해가 옳다면 정의를 통해서만 가능하겠죠. 하지만 제 견해가 옳다면 정의의 배경 없이도 가능합니다.

소크라테스 고맙소, 트라시마코스. 그렇게 구체적으로 가르쳐주시니.

트라시마코스 천만에요. 이게 선생에 대한 대접이니까.

소크라테스 어쨌든 좋소. 한번 더 가르쳐주시오. 그대는 어떤 악당들이 일을 꾸밀 때, 그것이 군대든 도둑이든 강도든, 서로가 서로를 해친다면 일이 잘 성사될 것이라 생각하시오?

트라시마코스 잘 안 되겠지요.

소크라테스 그러니까 서로에게 부정한 일을 저지르지 않는 것이 일을 성사시키는 데 훨씬 낫겠지요?

트라시마코스 왜 아니겠습니까?

소크라테스 그건 다시 말하면, 불의는 분열과 증오를 부르는 반면 정의는 우애와 협조를 부른다는 뜻 아니오?

트라시마코스 그렇다고 해두겠습니다. 선생과 다투고 싶지는 않으니까.

소크라테스 고맙소, 트라시마코스. 한데 참 큰일 아니오? 불의가 증오와 분열을 조장한다면 일을 도모하는 무리가 어떤 무리이든, 노예든 자유인이든 서로 간에 반목과 질시가 판을 칠 것 아니오. 그래서 당초의 목적을 달성하지 못하게 할 것 아니오?

트라시마코스 그렇겠습니다.

소크라테스 불의를 개인과 관련시켜볼 때는 어떻소? 불의가 본래의 힘을 유지한다고 보시오, 상실한다고 보시오?

트라시마코스 유지하겠죠.

소크라테스 그럼 이제 불의의 정체가 드러났소. 어떤 집단이든 개인이든, 그것이 개입되면 불화를 조성하고 일을 그르치게 한다는 것이오. 그리고 자기 자신은 물론 더 나아가 이와 대치되는 모든 것들, 심지어는 정의와도 대립되는 것 아닌가?

트라시마코스 그렇습니다.

소크라테스 그렇다면 트라시마코스, 신들은 어떤가, 신들도 정의롭겠지?

트라시마코스 그렇다고 해둡시다.

소크라테스 그럼, 부정한 자는 신들과 적이 될 것이고 정의로운 자는 친구가 되겠군요?

트라시마코스 선생 마음대로 생각하십시오. 난 여기 있는 사람들을 생각해 여기에 있을 뿐이니까요.

소크라테스 좋소. 어쨌든 난 대화를 계속하고 싶으니까 대답해주시오. 결국 정리하면 이렇게 되는군요. 정의로운 자는 부정한 자보다 모든 면에서 뛰어나다는 거요. 지혜든 덕이든, 어떤 일을 도모하는 것이든 행동을 통일하는 데 있어서든. 그러므로 불의한 자들이 더 힘 있게 행동을 관철한다고 주장하는 것은 진실성이 없는 얘기요. 그들이 진정한 의미에서 악인들이었다면 그들과는 어떤 일도 할 수 없을 테니까요.

자, 사정이 이러하므로 그대의 주장이 잘못됐다는 것은 이미 밝혀진 셈이오. 그러나 또 중요한 게 남아 있소. 행복에 관한 문제요. 정의로운 자의 삶이 그렇지 못한 자의 삶보다 더 행복한가의 여부를 우리는 따져봐야 하오. 물론 나는 정의로운 자의 삶이 더 행복할 것이라 생각하지만 신중히 검토해볼 필요가 있소. 왜냐하면 이 문제는 우리의 인생관과도 직결되어 있는 문제이기 때문이오.

트라시마코스 따져보십시오.

소크라테스 그럼 답변해주시오, 트라시마코스. 그대는 눈 이외의 것으로 사물을 볼 수 있소?

트라시마코스 볼 수 없습니다.

소크라테스 귀 이외의 것으로 소리를 들을 수 있소?

트라시마코스 없습니다.

소크라테스 그럼 보고 듣는 것을 눈과 귀의 기능이라고 할 수 있겠군요?

트라시마코스 그렇습니다.

소크라테스 그렇다면 모든 사물들엔 각자의 고유한 기능이 있다고 봐야 할 거요. 그 고유한 기능은 훌륭한 기능이오. 왜냐하면 '그것만이 해낼 수 있고 잘 해낼 수 있는' 기능이기 때문이오. 그 고유하고 훌륭한 기능을 우리는 덕이라고 부를 수 있소. 안 그렇소?

트라시마코스 그렇습니다.

소크라테스 그러므로 눈의 덕도 있고 귀의 덕도 있소. 눈과 귀가 그 덕을 잃으면 보지 못하고 듣지 못하게 될 거요. 다시 말해 눈과 귀가 악덕에 물들면 말이오. 안 그렇소?

트라시마코스 그렇습니다.

소크라테스 그럼 다른 것들도 이와 같지 않겠소? 가령 정신에도 고유의 기능이 있지 않겠소? 무엇을 고민한다거나 지배해야겠다고 마음먹는 생각 등이 여기에 속한다고 보오. 정신 이외에 그러한 기능을 담당하는 것이 있소?

트라시마코스 없습니다.

소크라테스 그런데 사람이 살아간다는 것은 뭐요? 정신의 기능에 의지한다고 볼 수 있지 않겠소?

트라시마코스 그렇다고 봐야 하지요.

소크라테스 정신에도 덕이 있겠지요?

트라시마코스 있겠지요.

소크라테스 훌륭한 덕도 있고 그렇지 못한 덕도 있겠지요?

트라시마코스 그럼요.

소크라테스 훌륭하지 못한 덕은, 다시 말해 악덕은 그 고유의 기능을 상실한 것으로 봐야 하고, 그렇다면 악덕의 정신을 가진 인물의 삶은 어떻겠소? 잘 살겠소?

트라시마코스 못 살겠죠.

소크라테스 훌륭한 정신을 가진 사람은 잘 살겠지만 그렇지 못한 정신을 가진 사람은 잘 살지 못할 것이오.

트라시마코스 어찌 안 그렇겠습니까?

소크라테스 그러므로 훌륭한 정신을 가진 사람은 행복하되 그렇지 못한 사람은 불행하오. 행복하다는 것은 유익한 일이오. 안 그렇소?

트라시마코스 두말하면 잔소리죠.

소크라테스 그렇다면, 친애하는 트라시마코스! 불의에 빠진 삶이 정의로운 삶보다 결코 이득일 리 없소!

트라시마코스 소크라테스 선생, 축하드립니다. 이것으로 선생께선 축제의 진미를 마음껏 맛보셨군요!

제2권

국가의 탄생

그렇다면 국가의 정의부터 생각해보세. 어떤 국가가 정의로운 국가인지를 파악해보고 나면 정의로운 개인의 모습이 그려지지 않겠나? 이렇게 해서 큰 글자에서 작은 글자로 나아가보세.

트라시마코스가 서둘러 퇴장한 후 소크라테스는 토론을 끝낼 생각이었다. 그런데 상황은 그렇지가 않았다. 토론이 종결되기는커녕 이제부터 시작이었다. 그럴 수밖에 없는 것이, 언제나 논쟁하길 좋아하는 글라우콘이 트라시마코스의 뒤를 이어받아 소크라테스의 발목을 잡았기 때문이다.

글라우콘과 다시 토론을 시작하다: 정의의 본질과 기원

글라우콘　소크라테스 선생님, 선생님께선 진정 정의가 불의보다 모든 면에서 우월하다고 생각하십니까?
소크라테스　그렇다네.
글라우콘　그렇다면 선생님께선 선善을 어떻게 구분하십니까? 선 중에는 결과와 관계없이 그 자체가 좋아 받아들여지는 선도 있고, 자체보다는 결과가 좋아 받아들여지는 선도 있습니다. 그런가 하면 자체와 결과 모두를 만족시키는 선도 있습니다. 선생님께선 정의가 이 중 어느 쪽에 속한다고 보십니까?

소크라테스 자체로서나 결과로서도 갈망하지 않으면 안 되는 그런 선에 속한다고 생각하네. 가장 아름다운 종류의 선이지.

글라우콘 그러나 많은 사람들은 정의를 번거롭게 받아들입니다. 보수나 평판 때문에 추구하기는 할망정 그 자체로서는 달갑지도 않거니와 기피하고 싶어 하죠.

소크라테스 많은 사람들이 그렇게 생각하고 있다는 것을 나도 아네. 트라시마코스가 불의를 찬양한 것도 그런 관점에서지.

글라우콘 그러나 선생님, 저는 아직도 정의나 불의의 실체가 무엇인지 헷갈립니다. 그것들의 보수나 결과는 덮어두고라도 과연 정의나 불의의 정체는 무엇인지, 그것들이 영혼에 어떤 작용을 하는지 궁금합니다. 따라서 선생님만 괜찮으시다면, 저는 다시 트라시마코스의 주장을 정리해서 되풀이해보고 싶습니다.

첫째 정의는 무엇이며 그 기원은 무엇인가 하는 것, 둘째 사람들이 올바름을 추구하는 것은 그것이 선해서라기보다 불가피한 것이어서라는 것, 셋째 사람들의 그러한 행동은 생활의 측면에서 정의로운 삶보다 낫다는 판단에 기인하는데 그 점에 일리가 없지 않다는 것 등입니다.

그렇다고 해서 제가 트라시마코스의 견해에 찬동한다는 것은 아닙니다. 저는 다만 많은 사람들로부터 이러한 얘기를 귀가 따가울 정도로 들었기 때문에 여쭙는 겁니다.

저는 진실로 정의가 우월하다는 주장을 선생님으로부터 듣고 싶습니다. 그래서 저는 이제부터 의도적으로라도 선생님의 견해를 반박해보렵니다. 선생님께서는 어떤 식으로든 불의를 탓하고 정의를 찬양해 주십시오.

소크라테스 쌍수를 들어 환영하네.

글라우콘 첫번째 문제, 정의의 본질과 기원에 대한 얘기입니다. 사람들은 부정을 행하는 것이 선, 즉 이익이고, 부정을 당하는 것이 악, 즉 손해라고 말합니다. 그러니 악이 선보다 크다는 거죠. 그리하여 사람들은 서로 부정을 행하기도 하고 당하기도 하면서 양쪽을 다 경험하게 됩니다.

그러다가 깨닫습니다. 한쪽을 피하고 다른 한쪽을 얻을 수 없을 바에야 둘 다 범하지 않는 것이 좋겠다고 생각하는 거죠. 그래서 합의 하에 계약도 맺기 시작하고 법도 제정됐다는 겁니다. 법의 명령을 합법적으로, 또 옳은 일이라고 받아들이게 된 이유는 이것이며 정의의 기원 역시 여기에서 비롯되었다고 합니다.

그러니까 정의란 일종의 타협책입니다. 불의와 불의의 타협책이죠. 옳지 못한 일을 하면서도 제재를 받지 않는 사람과 같은 일을 당하면서도 보복할 힘이 없는 사람, 양자 사이의 타협책인 셈입니다. 가령 정의로운 자든 아니든, 누구를 막론하고 그들에게 무한의 자유를 주고 어떻게 행동하는지를 지켜보면 알 수 있습니다. 사람들은 누구나 욕심에 따라, 이익에 따라 행동합니다. 이러한 점은 옛날 리디아 사람인 기게스Gyges[5]의 조상에 대한 얘기를 살펴보아도 알 수 있습니다.

전설에 의하면 기게스는 리디아의 왕을 섬기던 양치기였다고 합니다. 기게스가 양을 치고 있던 어느날 천둥 번개와 함께 폭우가 내리고 지진이 났습니다. 폭우와 지진이 지나간 후 정신을 차린 양치기가 자신이 풀을 먹이던 곳을 보니 땅이 갈라져 있었고 깜짝 놀란 그는 그 구멍 속으로 들어갔다고 합니다.

거기서 그는 안이 텅 비어 있는 신비로운 청동말을 보게 됩니다. 그 청동말에 작은 문이 나 있어 기게스가 들어가보니 그 안에는 보통의 사람보다 큰 시신이 놓여 있었다고 합니다. 시신에는 금반지만 손가락에 끼워져 있을 뿐 몸에는 아무것도 걸친 게 없었습니다. 그는 시신의 손가락에서 금반지를 빼들고 밖으로 나왔습니다. 그 후 달마다 있는 양치기들의 모임에 기게스도 참석했습니다. 물론 그의 손가락에는 그 반지가 끼워져 있었죠.

그런데 사람들과 함께 앉아 있던 기게스가 무심코 반지를 돌리자 놀라운 일이 벌어졌습니다. 기게스의 모습이 보이지 않게 된 것입니다. 사람들은 방금까지 있던 사람이 사라졌다면서 모두들 웅성댔습니다. 이에 놀라 그가 반지를 원래의 방향대로 돌리자 그의 모습이 나타났습니다. 신기한 마음에 여러 번 시험해보았지만 결과는 마찬가지였습니다. 이러한 사실을 확인한 그는 왕에게 가는 사자使者들

5) 소아시아 서부에 있던 고대국가 리디아의 왕(재위 기원전 680~648)으로 알려진 인물.

의 틈에 끼어 왕궁으로 갔습니다. 그리고 거기서 왕비와 정을 통한 뒤에 왕을 죽이고 왕국을 차지했다고 합니다.

그런데 이러한 능력을 가진 반지가 하나 더 있어서 선량한 사람이 그것을 끼었다고 가정해봅시다. 결과는 어떨까요? 선량한 사람이라고 해서 탐욕을 자제하고 이기심을 억누를까요? 그런 사람은 없을 겁니다. 시장에 가서 원하는 물건을 훔치기도 하고 마음에 끌리는 여인과 동침하기를 주저하지 않을 것입니다. 이러한 일은 선량함이나 불량함에 관계없이 일어날 것입니다. 그러니 인간에게 자발적으로 정의를 지키기를 기대하기란 어렵습니다. 안전하게 부정을 행할 수 있는 한 인간은 누구나 악행을 저지릅니다. 만일 그렇지 않은 사람이 있다면 그는 단지 남들의 이목이 두려워 시치미를 떼고 있을 뿐입니다.

그러나 이런 식으로 얘기하는 것은 문제 해결에 도움이 안 되겠지요. 그래서 제대로 판단하려면 두 유형의 인물을 따로따로 떼놓고 생각해보는 것이 좋을 것 같습니다. 완벽하게 선량한 사람과 완벽하게 불량한 사람을 대비해보면 올바른 판단을 내릴 수 있을 것입니다.

먼저 완벽하게 불량한 사람을 살펴보겠습니다. 이 사람은 나름대로 자기 분야의 전문가여야 합니다. 선장이나 의사라고 가정하는 게 좋겠지요. 그래서 자신의 분야에 확신을 갖고 수행 가능한 것과 불가능한 것을 판별할 줄 아는 능력이 있어야 합니다. 물론 그는 자신의 판단에 따라 불가능한 일은 하지 않습니다. 어쩌다 실수를 범할 경우에도 그것을 온전히 바로잡을 수 있어야 하겠죠. 즉 그는 아무리 부정한 짓을 저질러도 들키지 않습니다. 남을 잘 속이기 때문에 단서를 남기지도 않고 꼬리를 잡히지도 않습니다. 그렇지 않으면 완벽한 게 아니니까요. 그래서 그는 부정의 극치에 달합니다. 선량한 자가 아님에도 선량한 자처럼 보이는 그런 사람이죠. 이러한 사람은 최악의 짓을 하면서도 언제나 자신을 방어할 능력이 있어 호감 있는 평판을 유지합니다. 부정이 폭로될 경우에도 훌륭히 변명합니다. 인력이나 자금을 동원할 능력도 충분해서 언제나 자신을 지켜냅니다.

이제 그 옆에 완벽하게 선량한 사람을 대비시켜보겠습니다. 그는 그야말로 완벽하게 선량해서 '선량해 보인다거나 그렇게 생각되는 것'이 아니라 정말로 선량한 사람이어야 합니다. 이 사람은 명예나 대가를 기대하고 정의를 추구하는 사람이 아닙니다. 순수하게 정의의 옷만 걸친 사람으로서 앞에서 예로 든 완벽하게 불량한 사람과는 말 그대로 정반대의 처지에 있는 사람입니다. 그래서 그는 추호도 부정한 짓을 저지르지 않았음에도 부정한 자라는 악평을 듣습니다. 자신의 신념에 따라 올바른 길을 걸어왔음에도 이 악평은 그가 죽을 때까지 계속됩니다.

이렇게 한쪽은 선량함의 극단에 놓고 다른 한쪽은 불량함의 극단에 놓았을 때, 과연 누가 더 행복한지 우리는 가려야 할 겁니다.

소크라테스 놀랍네, 글라우콘! 자네는 두 사람의 인간형을 어쩌면 이다지도 깔끔하게 빚어놓았는가?

글라우콘 저는 최선을 다했습니다. 이 두 사람의 생애가 어떠하리라는 것을 짐작하기란 그리 어렵지 않을 것입니다. 아마도 사람들은 선량한 자의 생애를 가장 비참하게 묘사할 것입니다. 그들은 매맞고 고문당하며 인두질을 당하는 사람을 선량한 자의 말로로 설명할 것입니다. 그리하여 현명한 삶이란 선량하게 사는 것이 아니라 선량한 사람으로 보이도록 행세해야 하는 것임을 깨닫는 것입니다. 반면 사람들은 불량한 자의 삶을 탄탄대로로 묘사할 것입니다. 그는 선량한 자라는 평판을 받기 때문에 국가를 지배하기도 하고 좋아하는 여자를 아내로 삼을 수도 있으며, 불의에 대해 거리낄 것이 없으므로 온갖 사리사욕을 취할 수도 있습니다. 또한 재산이 많으니 선심을 써서 많은 사람들을 친구로 삼고 맘에 들지 않는 자를 제거하기란 식은 죽먹기입니다. 신들에게도 풍족하게 제물을 바치고 찬양할 수 있으니 선량한 사람보다 훨씬 더 신전 가까이 갈 수 있습니다.

이것이 많은 사람들이 설명하는 선량한 사람과 그렇지 못한 사람의 생애입니다. 그러니 소크라테스 선생님! 신의 차원에서나 인간의 차원에서나 부정한 사람의 삶이 선량한 자의 삶보다 더 낫지 않겠습니까?

글라우콘이 여기까지 말을 마치고 소크라테스가 뭔가 말하려고 하는 찰나 아데이만토스가 끼어들었다. 글라우콘과 형제 사이이기도 한 아데이만토스는, 논점을 분명히 하기 위해 글라우콘과는 다른 측면에서 정의에 대한 문제를 개진한다.

그는 정의롭게 살라는 말은 정의 자체를 찬양해서라기보다는 그것이 가져오는 결과 때문이라고 주장한다. 선한 일을 하면 평판이 좋아지고 좋은 배필을 만나 훌륭한 결혼을 할 수도 있다는 것이다. 신과 관련해서도 좋은 평판에 대한 기대가 그들의 신앙심을 더 경건하게 할 것이라고 말한다. 하지만, 그럼에도 사람들이 악과 불의에 경도되는 것은, 정의나 덕을 지키기 위해 드는 수고로움에 비해 손쉽게 어떤 결과물을 얻기 때문이라는 것이다.

또 아데이만토스에 의하면, 신의 문제와 관련해서도 일반인이나 종교지도자들은 신이 선량한 자들에게는 고난과 불행을 주는 반면 불량한 자들에게는 행복을 준다고 믿고 있다고 한다. 설사 그들이 잘못했더라도 많은 제물을 바치면 용서받을 수 있기 때문이라는 것이다. 그리하여 불의 대신 정의를 택할 이유란 없으며, 수단껏 불의를 감추기만 하면 되고, 각자 마음 내키는 대로 잘살면 그것이 최고라는 것이다. 그렇다면 정의가 최선이고 불의가 최악임을 과연 누가 보여주었는가? 아직까지는 아무도 그것을 밝힌 사람이 없었다는 것이다.

여기서 아데이만토스는 소크라테스에게 간청한다. 정의는 불의보다 우월하며 모든 면에서 최고의 선이라는 것을 확증시켜달라고 말한다. 이에 대해 소크라테스는 아데이만토스와 글라우콘의 정의에 대한 신념에 경의를 표하면서, 그 일을 규명함이 쉽지 않음을 토로한다. 소크라테스 자신은 지금 딜레마에 빠져 있는데, 불의에 대한 정의의 우월성을 이미 트라시마코스에게 입증했다고 생각했음에도 글라우콘 형제는 만족해하지 못하기 때문이라는 것이다. 하지만 세상으로부터 정의가 모욕당하는 것을 보면서 그냥 있을 수는 없다고 선언하고, 최선을 다해 정의를 옹호하겠노라며 소크라테스는 대화를 시작한다.

소크라테스, 국가에 대해 말하기 시작하다: 국가의 탄생

소크라테스 이와 같은 문제를 규명하기란 결코 쉬운 일이 아니네. 예리한 통찰력 없이 접근하기란 불가능한 일이지. 그러니 이런 방식으로 접근해보세. 가령 눈 나쁜 어떤 사람에게 먼 곳의 작은 글자를 읽으라는 숙제가 주어졌다고 해보세. 처음에 그는 이 글자들을 읽어낼 수가 없을 것이네. 하지만 더 크게 씌어져 있는 같은 글자를 다른 장소에서 발견했다면 일은 쉬워질 테지. 큰 글자를 먼저 읽고 차츰 작은 글자로 옮겨가는 걸세. 이렇게 하세. 우리는 이제껏 정의의 문제를 개인과 국가의 측면에서 탐구해 왔네.
아데이만토스 사실 그렇습니다.
소크라테스 국가는 개인보다 크지 않겠나?
아데이만토스 그렇습니다.
소크라테스 그렇다면 국가의 정의부터 생각해보세. 어떤 국가가 정의로운 국가인지를 파악해보고 나면 정의로운 개인의 모습이 그려지지 않겠나? 이렇게 해서 큰 글자에서 작은 글자로 나아가보세.

아데이만토스 훌륭한 방식인 것 같습니다.

소크라테스 먼저 국가의 발생 단계부터 살펴보세. 나는 국가는 사람들의 필요에 의해 생겨났다고 보네. 독립된 개인으로 세상을 살아가기는 너무 어려웠을 테니까 말이네. 그 밖에 내세울 만한 이유라도 있나?

아데이만토스 없습니다.

소크라테스 우리 인간은 다양한 욕망을 갖고 있음에도 각자의 능력은 아주 제한돼 있네. 그래서 한 사람만의 힘으로 어떤 목적을 달성하기란 어렵지. 결국 사람들이 힘을 합치게 됐고, 이러한 집단이 모여 국가가 된 거야.

아데이만토스 옳으신 말씀입니다.

소크라테스 자, 그러면 사람들이 집단을 이루고 살아간다고 할 때 가장 필요한 것이 무엇이겠나? 생존의 으뜸은 무엇보다도 먹는 문제를 해결하는 것 아니겠나? 그 다음이 집을 마련하는 것이고 그 다음엔 옷과 그 밖의 필수품들을 마련하는 것이겠지.

아데이만토스 그렇습니다.

소크라테스 국가가 이러한 문제를 어떻게 해결했을까 생각해 보세. 우선 농부와 목수가 필요했을 거고 직공도 있어야 할 걸세. 거기다 신발을 만드는 제화공이나 일상생활에 필요한 한두 명의 인원도 필요하겠지. 상인도 끼워줄까? 어쨌든 너댓 명은 필요하겠지?

아데이만토스 그럴 것 같습니다.

소크라테스 그렇다면 이들의 노동은 어떤 형태로 이루어져야 할까?

각자 자급자족을 해야 할까, 분업을 해야 할까? 가령 농부라면 혼자서 네 사람 몫의 식량을 책임지는 게 낫겠는가, 아니면 4분의 1의 시간을 들여 4분의 1만큼의 식량을 생산하는 게 낫겠는가? 그래서 나머지 4분의 3의 시간 동안 집을 마련하고 옷을 지으며 신발을 만드는 게 낫겠는가?

아데이만토스 분업이 좋겠습니다.

소크라테스 그렇겠지. 우리 인간은 태어난 환경과 소질이 다르므로 일을 하는 데도 자신에게 적합한 분야가 있게 마련이네. 그래서 소질에 따라 잘할 수 있는 일을 맡아 처리하는 것이 훨씬 능률적이네. 그렇지 않겠는가?

아데이만토스 그렇습니다.

소크라테스 그렇다면, 아데이만토스. 아무래도 네 사람보다는 더 많은 인원이 필요하겠네. 농부의 경우만 예를 들어도 농사에 필요한 도구들을 일일이 만들어 쓸 수는 없지 않은가. 그러자면 그 분야의 전문가가 또 필요할 걸세. 목수의 경우도 그렇고 옷을 만드는 직조공의 경우도 그럴 것이네.

아데이만토스 그렇습니다.

소크라테스 그렇다면 대장장이나 재단사 이외에도 많은 기술자들이 필요할 걸세. 그리고 이러한 추세는 날이 갈수록 심해질 거야. 사람이 늘면 할 일도 많고 기술의 필요성도 증가할 테니 말이야.

아데이만토스 그렇습니다. 그 모든 사람들을 수용하자면 국가가 작아서는 안 될 것입니다.

소크라테스 게다가 국가라면 수입품도 필요하지 않겠는가?

아데이만토스 필요합니다.

소크라테스 수입을 하다 보면 수출품도 있어야 할 것이네. 우리에게 필요한 물건뿐 아니라 다른 나라에 팔기 위한 물건도 만들어내야 할 테니까.

아데이만토스 그렇겠지요.

소크라테스 그렇다면 점점 더 많은 일꾼과 기술자들이 필요하게 되네. 무역에 필요한 인원은 물론 항해에 필요한 기술자나 전문가도 있어야겠지.

아데이만토스 그렇습니다.

소크라테스 그럼 각 부류의 사람들이 생산한 물품들은 어떻게 나누고 교환해야 할까? 이를 위해 국가가 필요했던 것이 아닌가?

아데이만토스 사고 파는 방식을 통해서 나누어야겠지요.

소크라테스 그렇다면 시장도 있어야겠네. 시장에서 물건을 교환하려면 화폐도 필요할 거고.

아데이만토스 그렇습니다.

소크라테스 또 농부나 수공업자가 자신의 물건을 팔기 위해 시장에 나갔을 때, 필요한 구매자가 나타나지 않아 그 물건이 팔리지 않으면 어떻게 되겠는가? 팔릴 때까지 마냥 기다려야 할까?

아데이만토스 아닙니다. 그런 경우 그 일을 맡아 하는 사람이 따로 있지요. 대체로 몸이 허약하여 다른 일은 할 수 없는 사람들이 돈과 물건의 중개자 역할을 합니다.

소크라테스 그래서 상업이 생기게 되지. 그리고 그 상업에 종사하는 사람들을 우리는 상인이라고 부르지.

아데이만토스 그렇게 부르고 있습니다.

소크라테스 그 밖에도 필요한 사람들이 있네. 머리를 쓰는 데는 한계가 있지만 체력이 충분한 사람들이네. 이러한 사람들은 자신의 체력을 팔아 돈을 벌 걸세. 그 돈을 임금이라 부르고 그러한 일에 종사하는 사람들을 임금노동자라고 부르지.

아데이만토스 그렇습니다.

소크라테스 그렇다면 아데이만토스, 우리의 이 작은 국가가 어느덧 근사한 하나의 국가로 성장하였네.

아데이만토스 그렇습니다. 국가라고 해도 좋겠습니다.

소크라테스 그렇다면 이러한 국가의 어디에 정의나 불의가 있단 말인가? 우리가 살펴본 어떤 것 가운데서 그것이 튀어나왔다는 말인가?

아데이만토스 그건 저로서도 얼른 짐작이 가지 않습니다. 다만 정의와 불의는 국민들을 다루는 데서 생겨나는 것 같습니다.

소크라테스 옳게 보았네. 그 문제에 대해 찬찬히 살펴보세. 우선 국민들을 구성해 놓았으니 그들의 생활양식에 대해 알아보세. 그들은 집을 짓고 그들에게 필요한 식량과 포도주, 의복, 신발 등등을 마련하며 살아갈 걸세. 보리나 밀을 빻아 과자나 빵을 만들어 먹기도 하고 아이들과 함께 신들을 찬미하며 즐겁게 살겠지. 가난과 전쟁에 대비해 음식을 비축하고 가족들을 돌보면서 말이야.

이때 글라우콘이 끼어들며 말참견을 했다.

국가가 발전하면 수호자가 필요하다: 수호자의 조건

글라우콘 선생님은 그들의 음식에 양념도 치셔야 할 겁니다.

소크라테스 그렇군. 양념도 필요하지. 소금이나 올리브, 치즈 등을 써서 음식을 만들고 때로는 나무뿌리나 풀을 끓이기도 해야겠지. 식후에는 무화과나 완두콩 등을 후식으로 먹고 그렇게, 늙어죽을 때까지 평화롭게 살다가 마침내는 똑같은 생활양식을 자식들에게 물려주고 가겠지.

글라우콘 그건 마치 돼지들의 나라에 사료를 주는 것 같습니다.

소크라테스 그럼 자네라면 어떻게 하겠나? 글라우콘.

글라우콘 일상에 필요한 도구들도 주어야겠지요. 편하게 쉴 수 있는 소파와 식사를 할 수 있는 식탁도 필요합니다. 식사할 때는 현대식의 소스와 감미료도 필요할 거구요.

소크라테스 알았네, 글라우콘. 단순한 형태의 국가만 거론할 것이 아니라 보다 윤택한 나라의 질에 대해서도 언급해 달라는 말이지. 그것도 나쁘진 않네. 그러한 나라에서야말로 정의나 불의의 문제가 좀더 명확히 드러날 테니까.

자, 이제껏 우리는 건전하고 진실한 국가에 대해서만 얘기했네. 그러나 이제부터는 열병에 걸린 국가도 돌아보기로 하세. 결국 사람들은 단순한 생활양식에서 벗어나 더 많은 것들을 요구하게 될 테니까 말이네. 그들은 이제 생활필수품에 만족하지 않고 훨씬 더 많은 물품과 기술들을 필요로 할 거네. 때로는 창부를, 때로는 화가의 예술품이나 금, 상아 같은 사치품도 필요로 하겠지.

글라우콘 그렇습니다.

소크라테스 그러면 이제부터 그림을 크게 그려야겠네. 늘어나는 국민과 늘어나는 욕망을 충족하느라 국가는 더욱 커지겠지. 다양한 형태의 예술가도 생길 것이고 시인을 따라다니는 낭송가나 배우, 무용가 등도 필요할 거네. 가정교사를 비롯해 유모나 시녀, 이발사에 이르기까지 온갖 직업이 생겨나겠지. 세상이 복잡해지면서 의사들도 더 많이 필요할 거네.

글라우콘 그렇겠지요.

소크라테스 급기야는 어떻게 될까? 인구가 늘면서 충분했던 자원과 국토도 비좁아지지 않을까?

글라우콘 그렇게 될 겁니다.

소크라테스 그럼 어떻게 해야 할까? 농사지을 땅이 더 많이 필요한데 국토가 부족하다면 남의 땅을 뺏을 수밖에 없지 않은가? 그리고 이러한 양상은 모든 국가에서 동일하겠지? 결국 전쟁이 일어날 수밖에 없네.

글라우콘 필경 그렇게 될 겁니다.

소크라테스 전쟁의 좋고 나쁨에 대해서는 일단 판단을 유보하기로 하세. 우리는 이제 전쟁이 왜 발생할 수밖에 없는가 하는 문제에 이르렀네. 전쟁의 기원을 건드린 셈이지.

글라우콘 그렇습니다.

소크라테스 전쟁을 하자면 나라는 점점 더 커져야 하네. 상대국을 제압하기 위해 군대의 규모도 늘려야 하고.

글라우콘 노예들만으론 불충분하다는 말씀인가요?

소크라테스 당연히 그렇네. 우리가 국가를 만들 때 했던 얘기를 상기해보게. 구두를 만드는 데 제화공의 기술이 필요하고 집을 짓는 데 목수의 기술이 필요하듯이, 전쟁을 하는 데도 기술이 필요하네. 그리고 그 기술은 다른 어떤 기술보다도 중요하다네. 한 나라의 명운이 왔다갔다 하는 게 전쟁 아닌가? 그러므로 국가의 수호자를 기르는 데 최대의 관심과 기술을 쏟아부어야 하네.

글라우콘 마땅히 그래야 하겠습니다.

소크라테스 그런데 어떤가, 무슨 일이든 그 일을 잘 하려면 맡은 바 일에 소질을 타고 나야 할 게 아닌가?

글라우콘 물론입니다.

소크라테스 국가의 수호자도 그래야겠지. 그래서 어떤 사람이 그러한 성품을 타고 났는지 잘 가려야 하겠지.

글라우콘 그래야겠습니다.

소크라테스 그런데 글라우콘, 국가를 지키는 데 있어 좋은 가문의 젊은이와 좋은 품종의 개 사이에 어떤 차이가 있다고 생각하나?

글라우콘 무슨 말씀이신지요?

소크라테스 이런 말이네. 젊은이든 개든, 적을 발견했을 때 양쪽 다 민첩해야 하고, 과감하게 추적해야 하고, 용감하게 싸워야 한다는 말일세.

글라우콘 그런 뜻이라면 알겠습니다. 그런 성질은 양쪽 모두에게 필요합니다.

소크라테스 그렇다면 우리의 수호자도 용감해야겠지?

글라우콘 그렇습니다.

소크라테스 그런데 수호자가 되려면 동물이건 사람이건 기백이 있어야겠지? 그래야 용감하게 싸울 수 있을 것 아닌가?

글라우콘 물론입니다.

소크라테스 그렇다면 국가의 수호자에게 필요한 육체적 조건과 정신적 조건이 밝혀진 셈이군.

글라우콘 그렇습니다.

소크라테스 그런데 수호자의 천품과 자질이 이러하다면 그러한 사람은 아무래도 난폭하지 않겠는가? 다른 사람에 비해서 말이네.

글라우콘 그럴 것 같습니다.

소크라테스 그러나 그들은 적에게는 난폭해야겠지만 친구에게는 온순해야 하지 않겠는가? 그렇지 않다면 그들은 적들에 앞서 우리들을 먼저 파괴할 것이니까.

글라우콘 옳으신 말씀입니다.

소크라테스 그럼 어떻게 해야 할까? 대담한 기백과 온순한 기질의 소유자를 찾아야 하는데 이 두 성질은 서로 상반된 것이니 말일세.

글라우콘 난감한 일이군요.

소크라테스 두 성질 가운데 한 가지라도 결여하고 있으면 좋은 수호자가 될 수 없다는 데 고민이 있네. 그런데 이 두 가지 성질을 동시에 갖추고 있기란 또 불가능하지. 그렇다면 훌륭한 수호자란 있을 수 없다는 결론이 나오네그려.

대화가 이렇게 진행되자 소크라테스는 잠시 말문이 막혔다. 그러나 그는 앞서 했던 말을 돌이켜보고 다시 입을 열었다.

소크라테스 이보게 글라우콘, 우리는 지금 혼란에 빠져버렸네. 눈앞의 그림자를 좇다가 놓쳐버렸네.

글라우콘 무슨 말씀이신지요?

소크라테스 상반되는 성질을 동시에 지닌 것도 존재한다는 것을 깨닫지 못하고 있었네.

글라우콘 그런 것이 어디에 있다는 겁니까?

소크라테스 여러 동물들에게 있지만 특히 우리가 예로 들었던 개의 경우가 그러하네. 자네도 알겠지만 혈통 좋은 개는 낯익은 사람이나 친숙한 사람에겐 온순하지만 낯선 사람에겐 사납네.

글라우콘 그렇군요.

소크라테스 그렇다면 국가의 수호자 또한 이와 같으면 되지 않겠나? 그러한 수호자의 성질이 부자연스러운 것은 아니지?

글라우콘 그렇습니다.

소크라테스 그런데 수호자가 될 사람은 기백과 함께 철학자로서의 기질도 갖춰야 한다고 생각지 않나?

글라우콘 철학자의 기질이라뇨?

소크라테스 개를 보세. 개는 낯선 사람을 보면 자기를 해치지 않아도 짖지만 낯익은 사람에겐 어떤 이익이 없어도 꼬리를 치고 반기지 않나? 자넨 이 점이 이상하다고 생각지 않나?

글라우콘 글쎄요. 이상하게 생각한 점은 없습니다만.

소크라테스 개의 본성은 참으로 영특하네. 어떤 면에서 철학자라고 할 수 있지.

글라우콘 어떤 면에서 그렇습니까?

소크라테스 개는 자기가 아는 것과 모르는 것에 따라 적과 동지를 구분하지. 그러니 앎과 모름에 대한 배움이 지극한 동물이라고 볼 수 있지 않겠나?

글라우콘 그렇습니다.

소크라테스 배움을 사랑함은 곧 지혜를 사랑함이라 할 수 있지. 이게 철학이 아니고 무엇이겠나?

글라우콘 듣고보니 그렇습니다.

소크라테스 인간도 마찬가지지. 친구를 부드럽게 대하는 자는 본성에 있어 지혜를 사랑하는 사람이라고 볼 수 있네. 그러니 국가의 수호자가 될 사람은 이와 같아야 하지. 천성이 지혜로운데다 기백과 함께 용맹한 힘을 갖추어야 해.

글라우콘 의심할 여지가 없습니다.

소크라테스 우리는 비로소 바람직한 수호자의 천성을 찾아냈네. 이제 그들을 어떻게 훈련시키고 양육하느냐의 문제만 남았네. 이에 대한 탐구는 우리의 목적인 국가에서의 정의 문제를 규명하는 데 빛을 던져줄 걸세.

이때 아데이만토스가 끼어들었다.

수호자의 교육에 대한 논의

아데이만토스 이러한 탐구는 우리들에게 커다란 도움이 될 것입니다.
소크라테스 그럼 지루하더라도 논의를 계속해야겠네. 다 알다시피 교육의 문제는 대단히 중요하네. 특히 영웅들에 대한 교육은 더욱 그러하지. 그렇다면 그들의 교육을 어떻게 하는 것이 좋겠나? 전통적인 교육방식으로는 육체를 단련하는 체육 교육과 정신을 수련하는 음악 교육이 있지.
아데이만토스 그렇습니다.
소크라테스 교육은 음악에서 시작해 체육으로 나아가는 게 순서겠지?
아데이만토스 그래야 합니다.
소크라테스 음악 속엔 문학도 포함되는가?
아데이만토스 포함됩니다.

소크라테스 그러나 문학엔 진실도 많지만 허위도 적지 않네. 젊은이들은 양쪽에 걸쳐 다 훈련받아야겠지만, 그렇다면 허위 쪽부터 시작해야겠네.

아데이만토스 무슨 말씀이신지요?

소크라테스 알다시피 우리는 진실에서 벗어난 것은 아닐지언정 가상의 이야기들을 들려주면서 교육을 시작하네. 그리고 이런 교육은 아이들의 체육 교육 이전에 시행되는 것들이지. 내가 체육 교육에 앞서 음악을 가르쳐야 한다는 것은 이 때문일세.

아데이만토스 옳으신 말씀입니다.

소크라테스 또한 무슨 일이든지 시작이 중요하다는 것은 다 알 걸세. 특히 어린이들은 그 시기에 인격이 형성되기 때문에 아주 신중해야 하네. 이때 받은 인상은 한결 선명하게 각인될 테니까 말이야. 그렇지 않은가?

아데이만토스 사실입니다.

소크라테스 그렇다면 우리는 엉터리로 꾸며낸 보잘것없는 얘기들을 아이들이 함부로 듣게 해선 안 되네. 한창 감수성이 예민한 시기에 우리의 소망과는 맞지 않는 생각들을 받아들이도록 해선 안 되지 않겠는가?

아데이만토스 그래서는 안 됩니다.

소크라테스 그러므로 우리는 작품의 검열관부터 두어야 할 걸세. 훌륭한 이야기는 권장하고 나쁜 이야기는 금하도록 해서 아이들의 인격이 올바르게 형성되도록 하자는 거지. 이것이 아이들의 육체를 튼

튼히 하는 것보다 더 중요하네. 그런데 오늘날 아이들에게 들려주고 있는 얘기들 가운데 상당 부분은 금해야 할 것들일세.

그러면서 소크라테스는 국가의 수호자들에게 들려줘서는 안 될 이야기들을 구체적으로 거론한다. 우선 하늘에서의 싸움, 그러니까 신들 사이의 전쟁이나 음모를 들려줘서는 안 된다고 말한다. 다 거짓말이기 때문이라는 것이다. 그 밖에 거인들의 전쟁이나, 신과 영웅들 및 친구 간의 싸움, 친족끼리의 싸움에 대해서도 들려줘서는 안 된다고 말한다. 그리고 비유적으로라도 불화나 불륜과 관계된 이야기들을 들려줘서는 안 된다고 말한다. 아이들은 비유적인 것과 실제적인 것을 구분할 줄 모를 뿐더러 이런 이야기를 들으면 좀체로 잊지 않기 때문이라는 것이다.

수호자의 교육: 신을 묘사할 때는 참되게 그려야 한다

소크라테스 그러므로 아이들이 듣는 이야기들은 유익하고 유덕한 내용들이어야 하네.
아데이만토스 옳으신 말씀입니다. 그러나 그게 어떤 이야기냐고 누가 물어본다면 무엇이라고 대답해야 하겠습니까?
소크라테스 여보게 아데이만토스, 우리는 시인이 아니라 국가의 건설자들일세. 시인들의 시적 형식과 그들이 준수하는 규칙에 대한 지식은 가질 필요가 있지만 시를 짓는 일은 우리 일이 아니므로 관여할 바가 아니네.

아데이만토스 알겠습니다. 그런데 시적 형식이란 무엇입니까?

소크라테스 대충 이런 것일세. 서사시든 서정시든 극시든, 신을 묘사할 땐 참되게 그려야 한다는 것이네. 그리고 실제로 신은 선한 것 아니겠나?

아데이만토스 그렇습니다.

소크라테스 선한 것 중엔 해로운 것이 없겠지?

아데이만토스 없습니다.

소크라테스 해롭지 않으므로 해를 끼칠 수도 없겠지?

아데이만토스 그렇습니다.

소크라테스 해를 끼칠 수 없는 것이 나쁜 일을 저지를 수 있겠나?

아데이만토스 그럴 수 없습니다.

소크라테스 나쁜 일을 저지르지 않는 것이 나쁜 일의 원인이 될 수 있겠나?

아데이만토스 없습니다.

소크라테스 아울러 선은 유익한 것이라고 할 수 있겠지?

아데이만토스 그렇습니다.

소크라테스 그러므로 유익한 선은 곧 행복의 원인이 되기도 할 거고?

아데이만토스 그렇습니다.

소크라테스 그리고 선한 것은 모든 것의 원인이라기보다는 오직 선한 것의 원인이 아니겠나?

아데이만토스 확실히 그렇습니다.

소크라테스 그렇다면, 신이 선한 것이라면 말일세, 신은 모든 것의 원인이 아니라 일부분의 원인이네. 즉 인간에게 일어나는 많은 사건의 원인이 아니라는 말일세. 우리 사회에 선한 일은 적고 악한 일은 많다는 것이 이를 입증하지. 그러므로 악의 원인을 신에게 돌려서는 안 되며 다른 무엇에서 찾아야만 하네.

아데이만토스 지당하신 말씀입니다.

소크라테스 그러므로 질서 있는 국가에서 신을 악의 원인으로 노래하게 해선 안 되네. 시든 산문이든 음악이든 말일세. 이러한 것들은 허무맹랑하기도 하거니와 사람들을 파멸로 이끌 테니까.

아데이만토스 동감입니다.

소크라테스 그러면 신이 모든 것의 원인이 아니라 선한 것만의 원인이라는 것을 원칙[6]으로 규정하세. 그리고 시인들도 이러한 기조 위에서 시를 읊도록 하여야겠네.

아데이만토스 그것이 좋겠습니다.

소크라테스 그럼 또 이런 것은 어떻게 생각하는가? 신이란 마치 마술사 같아서 때로는 이런 모습을 했다가 때로는 저런 모습을 하는 식으로 우리를 속일 수 있다고 볼 수 있는가? 아니면 늘 불변하는 어떤

---

6) 신에 대한 법령을 제정해야 한다는 뜻. 시가詩歌를 가르칠 때 준수해야 할 규범으로서 이런 얘기를 하고 있다.

것이라고 생각하는가?

아데이만토스 좀더 생각해보아야겠습니다.

소크라테스 그럼 다시 묻지. 만일 어떤 것의 모습에 변화가 온다면 그것은 내부의 성질에 의해서거나 외부의 힘에 의한 결과가 아니겠는가?

아데이만토스 그렇습니다.

소크라테스 그런데 어떤 것이건 그들이 최고의 상태에 있을 때는 변화한다든지 변용되는 일이 없겠지? 가령 신체가 건강할 때는 음식물에 다소 문제가 있더라도 타격을 덜 받을 것 아닌가? 식물도 생기에 차 있을 때는 폭풍우 같은 외부의 영향에 그리 흔들리지 않을 걸세. 튼튼하게 제작된 가구들만 봐도 그것은 알 수 있지.

아데이만토스 물론입니다.

소크라테스 결국 좋은 것들은 기술에 의해 만들어졌건 자연에 의해 생성됐건 외부로부터의 변화를 가장 적게 받는다고 볼 수 있지 않겠나?

아데이만토스 그렇습니다.

소크라테스 그럼 신을 비롯해 신성한 것들은, 모든 의미에서 완벽하고 모든 의미에서 변화를 가장 적게 겪는다고 봐야 하지?

아데이만토스 그렇습니다.

소크라테스 그런데 만일 그 신이 변모를 꾀한다면 훌륭하게 바뀔까, 아니면 악하거나 추하게 바뀔까?

아데이만토스 만일 그런 일이 있다면 조금이라도 나쁜 쪽으로 바뀌겠지요. 신이란 덕에 있어서나 미에 있어서 이미 결함 없는 존재이니까요.

소크라테스 명쾌한 지적이네, 아데이만토스. 그러나 인간이든 신이든 스스로를 나쁜 쪽으로 바꾸고자 하는 일은 있을 수 없네. 더군다나 모든 면에서 최고의 상태에 있는 신이 그런 자신을 내팽개친다는 것은 어불성설이네.

아데이만토스 동감입니다.

소크라테스 신은 언제나 자기 자신의 형태에 머물며 누구를 기만하지 않네. 언행에 있어서도 순수하고 진실하네. 그는 상징을 이용해서도 속이지 않고 꿈이나 백일몽 따위로도 속이지 않네. 그러니 아데이만토스, 거짓을 읊조리는 시인은 신에 관한 한 우리들의 머릿속에 서 있을 자리가 없네. 그러므로 젊은이들을 가르치는 교사들 또한 이런 것을 가르치지 못하게 해야 하네. 우리들의 수호자는 신의 숭배자여야 하고 신을 본받아야 하는 자들이니까 말이네.

아데이만토스 지당하신 말씀입니다. 그러면 이것을 또 하나의 원칙으로 규정해야겠습니다.

제3권

수호자들을 위한 교육

그러므로 그들은 꼭 필요한 물건들만 갖도록 해야 하네. 집이든 창고든 사
유재산을 갖도록 해선 안 되지. 식량이나 보수도 필요한 만큼만 지급하되
연간 소비량 이상을 주어서는 안 되네. 식사를 비롯한 모든 생활을 공동으
로 해야 하고 금이나 은과 같은 귀중품도 가까이하게 해선 안 되네.

소크라테스와 아데이만토스는 수호자들의 교육에 관한 논의
를 계속하면서 교육에 부정적인 영향을 끼칠 사안들에 대해 점
검한다. 먼저 수호자의 용기를 저해하거나, 용기를 함양하는 데
방해가 되는 것들을 차단해야 한다고 주장하면서 호메로스의
시편 《일리아스Ilias》와 《오디세이아Odysseia》[7]의 예를 들어 문제
점을 지적해나간다. 지옥을 묘사한 시구라든가, 슬픈 노래가락
을 교육의 대상에서 제거해버려야 함은 물론 수호자들이 감상
에 빠지지 않도록 해야 한다는 데 합의한다.

또한 수호자들은 슬픔에 압도돼서도 안 되지만 쉽게 웃음을

---

7) 호메로스Homeros의 작품으로 전하는 그리스 최대 최고의 영웅 서사시. 기원전 900년경
의 작품으로 추정된다. 《일리아스》는 10년에 걸친 그리스군의 트로이 공격 중 마지막 해
의 50일 동안 일어났던 사건을 노래한 서사시이며, 《오디세이아》는 주인공 오디세우스가
겪는 가혹한 운명의 후일담이다. 두 작품 모두 유럽 서사시의 모범으로서 라틴 문학을 거
쳐 유럽문학에 큰 영향을 끼쳤다.

터뜨려서도 안 된다고 말하면서 젊은이들에게 절제를 가르쳐야 한다고 주장한다. 절제는 상하간의 질서와 명령체계를 수립하는 데 무엇보다 중요한 덕목이라는 것이다. 그래서 음주에 대한 욕구나 욕정을 불러일으키는 시구들을 접하게 해서도 안 된다고 주장한다. 뇌물이나 선물을 즐기도록 해서도 안 되고 수전노가 되도록 해서도 안 된다는 데 합의한다. 이어 시가에 대한 이야기로 넘어가 시적 주제와 문체, 설화의 서술방식과 모방에 대해 언급한다. 소크라테스가 말한다.

수호자들을 위한 교육법: 시가에 대하여

소크라테스 내가 제기하려는 문제는 이거네. 시인들이 이야기를 서술해나갈 때 모방을 어디까지 허용해야 하는가 하는 점이지. 즉 허용한다면 전면적으로 허용할 것인가 부분만 허용할 것인가, 그것도 아니라면 아예 금지할 것인가 하는 점이네.

아데이만토스 그것은 다시 말해 비극이나 희극을 허용할 것인가, 그런 문제인가요?

소크라테스 그렇네. 그러나 문제는 그리 간단치 않아 보이네. 실은 나도 분명히 알 수 없으니 좀더 토론해보세.

아데이만토스 좋습니다.

소크라테스 그럼 묻겠네. 우리의 수호자들이 모방적인 자여야 하겠는가? 그렇지 않아야 하겠는가? 이런 것을 생각해보게. 어떤 일을 훌륭히 수행하는 한편 다른 많은 일들을 모방한다는 게 쉽겠는가, 어렵겠는가? 같은 사람이 두 가지 역할을 해낸다고 생각해보세. 방금 말한 희극과 비극의 경우처럼 말이네.

아데이만토스 그렇습니다. 같은 사람이 두 가지 역할을 잘 해내기란 어렵겠습니다.

소크라테스 시인인 동시에 배우가 되긴 어렵겠지? 또 희극배우가 비극배우의 역을 동시에 소화하기도 어려울 거고?

아데이만토스 그렇습니다.

소크라테스 아데이만토스, 인간의 천성은 매우 미세하여 복제해내기가 대단히 어렵네. 많은 일을 재치 있게 모방하기도 어렵거니와 모방의 근원이 되는 행위도 잘 해내지 못하네.

아데이만토스 과연 그렇습니다.

소크라테스 그렇다면 우리의 수호자들은 그들의 기능을 살리고 목적을 수행하는 데에만 전념해야 하네. 국가의 자유를 수호하는 일 이외에 다른 것을 모방하려고 해서는 안 되지. 만일 그들에게 모방해야 할 것이 있다면 그들의 직분에 적합한 것들, 즉 용기나 절제 같은 덕목에 한해서 이루어져야 하지. 그렇지 않고 편협하거나 천한 것들을 모방해 그들을 흉내 낸다거나 묘사하는 데 길들어서는 안 되네. 나쁜 것을 모방하다 보면 그것이 하나의 습관이 되어 몸도 마음도 병들게 될 테니까 말일세. 안 그런가?

아데이만토스 그렇습니다.

소크라테스 또 그들이 여자들을 모방하는 것에 대해서는 어떻게 생각하나?

아데이만토스 안 됩니다.

소크라테스 훌륭한 수호자라면 상대가 젊었건 늙었건 여자들을 모방해선 안 되네. 희로애락에 격정을 토하기도 하고 남편을 헐뜯는가 하면 신 앞에서 허풍을 떠는 여자들을 모방해선 안 되네. 더구나 병든 여자나 사랑에 빠진 여자를 모방해서는 안 되지.

아데이만토스 옳습니다.

소크라테스 그 밖에도 패악을 저지르는 자를 모방해서는 안 되네. 술에 취했거나 취하지 않았거나 욕설과 조롱으로 이웃에 해를 끼치는 자들은 물론 광기에 빠진 자들도 모방해선 안 되지. 광기란 악과 같아서 세상에 알려져야 하지만 행동으로 모방해서는 안 되는 것이니까.

아데이만토스 사실입니다.

소크라테스 또 대장장이나 직공들, 뱃사공 같은 자들도 모방해서는 안 되네.

아데이만토스 마음씀이 다른데 본받아서야 되겠습니까?

소크라테스 또 말의 울음소리나 소가 울부짖는 소리, 냇물소리나 파도소리, 천둥치는 소리 따위도 흉내내서는 안 되네.

아데이만토스 안 됩니다. 그것들 또한 광기와 어울리는 것이니까요.

소크라테스 그러므로 정리하자면 이렇네. 표현방식에는 선량한 자의 표현 방식과 그렇지 못한 자의 표현 방식 두 가지가 있다는 것이지. 선량한 자는 선량한 자의 언행을 모방하기 마련이고 그것을 하등 부끄럽게 생각하지 않을 걸세. 오히려 즐겁게 모방하지. 하지만 그보다 못한 사람은 모방하려고 하지 않을 걸세. 오히려 경멸할 테지. 상대방이 간혹 선한 일을 행한다면 일시적으로나마 모방하겠지만, 어쨌든 그는 언행을 신중히 하면서 나쁜 유형에 물들려고 하지 않을 걸세.

아데이만토스 동감입니다.

소크라테스 그러면 선량하지 못한 자는 어떨까? 그는 성정이 고약해서 지나치게 나쁜 것이란 하나도 없네. 그래서 무엇이든 흉내 내려 들고 나름대로 진지하게 모방하지. 아까 말한 비바람 소리나 천둥소리, 도르래 소리나 차바퀴 소리, 그 외에도 피리나 나팔 같은 모든 악기를 흉내 낼 걸세. 그는 개처럼 짖기도 하고 염소나 닭 울음소리도 내겠지. 그에게서 제대로 된 서술이란 찾아볼 수가 없을 것이네.

아데이만토스 그게 그의 표현 방식일 겁니다.

소크라테스 음악으로 비유하면 한쪽은 음조와 음률이 정해져서 단조롭고 단일한 화음의 한계를 벗어나지 못하네. 반면 다른 한쪽은 음조와 음률이 다양해서 화음이 풍부하고 잘 조응된다고 볼 수 있지.

아데이만토스 그렇습니다.

소크라테스 그리하여 이러한 두 가지 표현 형식, 또는 이 두 가지를 혼합한 형식이야말로 시가나 화술의 표현 형태가 되지 않겠는가?

아데이만토스 그럴 것입니다.

소크라테스 그렇다면 우리가 세운 국가에서는 이러한 표현 형식 중 몇 가지를 받아들여야 할까? 두 가지 표현 형식 중에서 한 가지만 받아들일까, 두 가지 다 받아들일까? 아니면 혼합된 형식까지를 포함해 세 가지를 다 받아들일까?

아데이만토스 제가 보기엔 순수한 덕의 모방자만 받아들여야 할 것 같습니다.

소크라테스 좋네, 아데이만토스. 그러나 혼합된 표현 형식도 매우 재미있네. 자네의 선택과는 다르지만, 연극 같은 것은 어린이나 일반 대중에게 상당히 인기가 있네.

아데이만토스 그건 알고 있습니다.

소크라테스 하지만 한 사람이 한 가지 일에만 충실해야 하는 우리 현실에서, 연극처럼 두세 가지 역을 해내야 한다는 것은 적절치 않다는 말처럼 들리는군.

아데이만토스 그렇습니다. 합당하지 않습니다.

소크라테스 구두 만드는 사람은 구두만을, 뱃사공은 배만 저어야 한다는 것이지? 농부가 재판을 해선 안 되고 군인이 장사를 해선 안 된다는 말이지?

아데이만토스 그렇습니다.

소크라테스 아데이만토스, 모방의 천재가 우리를 찾아와 자신의 시를 보여주겠다고 제의했을 때 우리는 어쩌면 그를 존경해야 할지도 모르네. 하지만 그런 사람은 우리나라에서 살 수 없다는 것 또한 우리는 일깨워줘야 하네. 우리의 법이 그를 용인하지 않을 테니까 말일세. 우리의 정신건강을 위해서는 유덕한 사람만 본받고 수호자의 교육관에 맞는 엄격한 시인이나 작가만을 선택해야 하네.

아데이만토스 우리에게 그럴 권력이 있다면 당연히 그렇게 해야 합니다.

소크라테스 자, 이제 선율과 노래에 관한 문제를 검토해보세. 우리의 신념이 바뀌지 않는 한 우리가 무엇을 말해야 하는지는 누가 봐도 자명할 것이네.

　이때 음악가인 글라우콘이 끼어들어 소크라테스와 대화를 이어간다. 두 사람은 하모니와 리듬을 언급하면서 버려야 할 것과 계승해야 할 음악들을 분류한다. 슬픔이나 감상적인 표현, 술자리에나 어울리는 가락과 하모니는 수호자들에게 무익하므로 버려야 한다는 데 합의한다.

　반면 계승해야 될 음악들을 전시와 평화시로 나눠 가려본다. 수호자들에게 힘이 되는 것들, 고난을 극복하고 운명을 개척하는 데 도움이 되는 것들은 전시에, 신에게 기도하거나 남을 설득할 때, 남의 간청이나 충고를 받아들여 행동할 때, 혹은 용기와 절제가 필요할 때 도움이 되는 것들은 평화시에 쓸모 있는 음악들로 꼽는다.

　또 리듬에 대해서도 검토한다. 착실하고 용감한 사람의 생활을 표현하는 리듬이 무엇이고 비천하고 분노를 나타내는 리듬이 무엇인지 가려낸다. 품위 없는 리듬이나 하모니는 그 사람의 고약한 성정과 직결돼 있으되 훌륭한 리듬과 하모니는 사려 깊고 선한 성정과 직결돼 있다는 데 합의한다. 소크라테스는 말한다.

수호자들을 위한 교육법: 음악에 대하여

소크라테스 그 어떤 교육보다도 중요한 것이 음악 교육이네. 리듬과 하모니가 올바른 자에게는 우아함을, 그릇된 자에게는 추악함을 깨닫도록 할 테니까 말이네. 또한 그것은 예술이나 자연에 있어 누락된 것과 결함을 알도록 해주네. 그리고 음악을 진정한 안목으로 즐길 때 그의 정신 속에서 발아한 선은 기품 높고 정결해지네. 그리하여 어려서부터 악을 비난하고 혐오하게 됨은 물론 자라서는 오래 사귄 친구처럼 선을 알아보고 환영하게 될 것이네.
글라우콘 선생님의 말씀에 전적으로 동의합니다.
소크라테스 그것은 마치 글읽기와 같아서 꾸준히 반복하고 연습해야 하네. 그래서 어휘력이 늘고 문리文理가 트이면 정신이 환해지듯 우리의 마음에 빛을 줄 것이네.
글라우콘 그렇습니다.
소크라테스 아름다운 영혼이 아름다운 형태와 조화를 이룰 때 가장 아름다울 것이네.

글라우콘 그렇습니다.

소크라테스 가장 아름다운 것이 가장 사랑스럽기도 할 것이고.

글라우콘 그럴 것입니다.

소크라테스 그러므로 조화로운 영혼을 가진 사람은 가장 사랑스러운 것을 사랑하겠지. 그러나 조화로운 영혼을 갖지 못한 사람은 그렇지 않겠지?

글라우콘 그의 영혼에 결함이 있다면 그렇겠지요. 그러나 단지 육체적 결함뿐이라면 그는 여전히 사랑할 겁니다.

소크라테스 그럼 하나 더 묻겠네, 글라우콘. 지나친 쾌락을 절제의 결과로 이해할 수 있겠나?

글라우콘 당치 않습니다. 쾌락의 추구는 능력의 손상을 초래하니까요. 그것은 고통과 같은 것입니다.

소크라테스 그렇다면 덕과는 어떤 관련이 있을까?

글라우콘 아무런 관련도 없습니다.

소크라테스 방종이나 무절제와 관련 있나?

글라우콘 그렇습니다. 가장 가깝습니다.

소크라테스 육체적인 사랑보다 강렬한 쾌락을 주는 것이 있나?

글라우콘 없습니다. 그것이 가장 강렬합니다.

소크라테스 진정한 사랑이란 무엇일까? 아름다움과 질서에 대한 사랑, 곧 절제와 조화로운 것에 대한 사랑 아닐까?

글라우콘 그렇습니다.

소크라테스 그렇다면 진정한 사랑은 무절제함이나 격정 같은 것과는 아무래도 거리가 멀겠지?

글라우콘 물론입니다.

소크라테스 따라서 광적이거나 무절제한 쾌락을 연인 사이에 허용해서는 안 된다고 보네. 그렇지 않은가?

글라우콘 그렇습니다. 그런 것들을 허용해서는 안 됩니다.

소크라테스 그러므로 우리가 건설하려는 국가에 다음과 같은 규율을 정해 놓아야겠네. 부자간의 친숙성 이상으로 애인을 대하지 말 것, 대할 때도 고상한 목적에 한하되 상대방의 동의를 얻을 것, 또 대인관계에 있어서도 이러한 한도를 지켜 의심받지 않도록 할 것, 그렇지 않을 경우 교양 없고 야비한 인간이라는 비난을 감수할 것 등등 말이네.

글라우콘 그게 좋겠습니다.

소크라테스 이제 됐네. 음악에 대한 논의는 이만 하세. 그것은 아름다운 사랑에 대한 얘기로 끝내는 게 좋을 테니까.

수호자들을 위한 교육법: 체육에 대하여

소크라테스 다음은 체육에 대해 생각해 보세. 체육도 음악처럼 어려서부터 교육해야 하네. 그리고 평생 지속해야지. 난 이렇게 생각하네, 글라우콘. 뛰어난 육체가 정신을 개조할 수는 없어도 뛰어난 정신은 육체를 개조할 수 있다고 보는데, 자네의 견해는 어떤가?

글라우콘 훌륭하신 말씀입니다. 저도 그렇게 생각합니다.

소크라테스 그러므로 정신 훈련을 거친 다음 육체에 대해 섬세한 배려를 하는 것이 순서일 듯하네. 수호자들이 술에 취해서는 안 된다는 것은 이미 얘기한 바 있네. 술에 취해 자신이 어디 있는지조차 모를 정도가 돼서야 되겠는가?

글라우콘 당연히 안 됩니다. 수호자를 돌볼 또 다른 수호자가 필요하게 될 테니까요.

소크라테스 우리의 전사들은 듣고 보는 일에 있어 항상 명민해야 하네. 그래서 각별한 신체적 단련이 필요하지. 아울러 물이나 음식, 더위나 추위 등의 변화에도 몸이 상하지 않도록 잘 적응해야 하네.

글라우콘 그렇습니다.

소크라테스 그러므로 훌륭한 체육은 우리가 이야기한 음악과 닮았네.

글라우콘 왜 그렇습니까?

소크라테스 그건 호메로스를 읽어보면 알 수 있지. 그는 자신의 영웅들에게도 병사의 음식을 먹였네. 그는 헬레스폰트[8]의 해안에 있을 때도 생선을 먹이지 않았네. 병사들에게 냄비나 솥 따위를 지참하지도 못하게 했지. 간단하고 단순한 식사만을 허용했네. 자네는 호메로스의 글에서 누가 맛좋은 간장 같은 것을 먹었다는 이야기를 읽은 적이 있나? 없을 걸세. 이러한 절제는 비단 병사들에게만 아니라 직업적인 운동선수들에게도 적용되는 것이지.

---

8) 흑해의 입구에 있는 좁은 해협으로 지금의 다르다넬스 해협을 말함.

글라우콘 사실입니다.

소크라테스 이러한 식습관은 음악과도 비견되네. 자네는 호사스런 음식에 경도되지 않겠지? 건강에 유의하는 사람이라면 코린토스의 딸[9]에 끌려서는 안 될 것일세.

글라우콘 물론입니다.

소크라테스 그러한 식사나 생활태도는 음악과 비견되는 것이네. 복작함은 사치와 병을 유발하지만 음악의 단순성은 정신에 절도를 부여하고 육체에 건강을 부여하네.

글라우콘 그렇습니다.

소크라테스 무절제와 질병이 만연하면 법정과 병원이 번창하게 될 걸세. 의사나 법률가가 판을 치는 세상이 오겠지. 노예나 천민뿐만 아니라 교양교육을 받았다는 사람들까지 의사나 법률가에 의지하게 된다는 것은 결코 명예로운 일이 아니네. 그러한 전문가들에게 자신의 운명을 맡겨야 한다는 것은 바로 우리의 교육이 실패했다는 증거이기도 하네.

글라우콘 그보다 불명예스러운 일도 없을 겁니다.

소크라테스 더 불명예스러운 일도 있네. 성정이 고약해서 부정에 능한 자들 말이네. 그런 자들은 툭하면 법정에 의지해 죄를 면하려고 하지. 자신의 생활태도를 반성하기는커녕 어떻게 하면 법망을 빠져

---

9) 창녀를 말한다. 코린토스는 타락이 절정에 이른 환락의 도시로 일찍이 아프로디테를 숭배해 수천 명의 창녀들이 들끓었다고 전해진다.

나갈까만 궁리하면서 일생을 보내는 악취미를 갖고 있지.

글라우콘 그게 더 불명예스럽군요.

소크라테스 의술의 경우도 비슷하게 말할 수 있네. 특별한 외상이나 유행병 때문이라면 모르지만 우리의 생활습성이나 게으름으로 인해 의료의 도움을 받아야 한다면, 그 역시도 명예스럽지 못한 일이네. 사실 질서 있고 체계가 잡힌 국가에서는 그런 일 때문에 병을 앓고 있을 시간적 여유가 없네. 자신의 생업에 충실하다 보면 말이네. 그러나 이러한 법칙도 부자들에게는 적용되지 않네.

글라우콘 왜 그럴까요?

소크라테스 가령 부자가 아닌 목공이 병에 걸렸다고 해보세. 그에게 병은 빨리 치료해야만 하는 어떤 것이네. 그래서 약을 먹든 수술을 하든 빨리만 낫게 해달라고 조르지. 그러나 의사가 식이요법을 권한다든가 붕대를 감고 누워 있어야 한다고 말하면 그는 병을 앓을 틈이 없다고 대답하곤 자신의 본업으로 돌아가 일을 할 것이네. 그러다 보면 자연히 건강을 회복하게 되지. 설령 그렇지 않다고 해도 죽으면 그만이네. 그에게 있어 직업은 목숨보다 소중하기 때문이지.

글라우콘 그렇겠습니다.

소크라테스 그러나 부자들은 다르네. 그에겐 특별히 해야 할 일이라곤 없을 테니까.

글라우콘 사실입니다.

소크라테스 그렇다면 자네는 포큐리데스[10]의 말, 즉 의식이 충족돼야 덕을 행할 수 있다는 말에 대해 어떻게 생각하나?

글라우콘 글쎄요. 못 들어봤습니다만.

소크라테스 요지는 이거네. 덕의 추구는 돈 많은 사람들에 의해 행해져야 하고 그렇지 못하면 삶의 보람을 느낄 수 없다는 것이네. 그런데 대부분의 부자들에게 있어 현실은 정반대네. 그들은 하는 일이라곤 없이 자신의 건강을 염려해 늘 전전긍긍하지.

이러한 폐단을 아스클레피오스[11]도 알고 있었으므로 그는 자신의 의술을 건전한 의식과 생활습관을 가진 자들에게만 펼쳤네. 그는 무익한 생을 연장시키려 하지 않았으며 병약한 어버이에서 병약한 자식이 태어나는 것도 원하지 않았네. 그는 정상적인 삶을 영위할 수 없는 사람들이나 나태하고 무절제한 자들에게는 치료 의무를 느끼지 않았네. 그러한 치료는 본인이나 국가를 위해서도 결코 바람직하지 못하다고 여겼기 때문이지.

글라우콘 그렇다면 선생님께서 생각하시는 좋은 의사란 무엇인지 궁금합니다. 신체적으로 건강하건 열악하건 많은 사람들의 병을 치료하면 그것이 훌륭한 의사 아닐까요? 그리고 마찬가지 방식으로 얘기할 수 있을 터인데, 무릇 훌륭한 판사란 그런 다양한 도덕적 성질에 숙달된 자들이 아닐까요?

---

10) 기원전 6세기 무렵 밀레토스의 시인.

11) 의술의 신.

소크라테스 당연히 그렇네. 나 역시 좋은 판사와 의사가 있어야 한다고 생각하네. 그런데 자네는 내가 여기서 말하는 좋음, 혹은 훌륭함의 뜻을 알고 있나?

글라우콘 가르쳐주십시오.

소크라테스 자네는 같은 질문 속에 서로 다른 문제를 끼워넣었네.

글라우콘 무슨 말씀이신지요?

소크라테스 자네는 의사와 판사를 동일한 차원에 포함시켰네. 뛰어난 의사란 의술에 대한 지식과 경험이 풍부함은 물론 그 자신은 병약하여 스스로 다양한 질병을 겪은 체질의 소유자일 걸세. 그런 사람은 훌륭한 의사가 될 수 있네. 치료를 몸으로 하는 것이라면 그의 병약한 체질이 문제가 될 수 있지만 치료는 정신으로 하는 것이네. 따라서 무엇보다 정신이 건전해야 하지. 영혼이 병들어 있으면 그는 결코 훌륭한 의사가 될 수 없네.

글라우콘 옳은 말씀입니다.

소크라테스 그러나 판사는 경우가 다르네. 그는 정신으로 정신을 다루므로 어려서부터 불의와는 거리가 먼 생활을 한 사람이어야 하네. 경험 차원에서 볼 때, 의사와 판사는 입장이 달라서 판사에게 있어 불의의 경험이란 필요치 않네. 그런데 선량한 사람은, 특히 경험이 적은 젊은이의 경우에는 부정한 사람에게 잘 속는 성향이 있지.

글라우콘 그렇습니다. 쉽게 속아 넘어갑니다.

소크라테스 그러므로 판사는 젊어서는 안 되네. 그는 경험이 아니라 관찰을 통해 타인의 영혼 속에 깃든 악을 식별할 줄 알아야 하네.

글라우콘 훌륭한 판사라면 그래야 할 것입니다.

소크라테스 그렇네. 훌륭한 판사라면 분명 선한 영혼의 소유자일 걸세. 그러나 악한 자는 다르네. 그런 자는 교활하고 의심이 많은 데다 자신의 척도로 세상을 판단하므로 자신과 같은 부류의 사람들에게는 우위를 과시하지만 선량하고 나이 지긋한 사람 앞에서는 곧 어리석음을 드러내네. 선한 품성이 결여돼 있는 탓에 남들의 선함을 모르기 때문이지. 그런데 세상에는 선한 자보다 악한 자가 더 많고, 따라서 그런 사람들을 더 많이 만나게 되므로 스스로를 현명한 자로 여긴다네.

글라우콘 사실입니다.

소크라테스 악은 덕을 잘 알지 못하네. 하지만 유덕한 성질은 세월의 흐름에 따라 덕과 악에 대한 지식을 동시에 쌓게 되네. 이런 사람만이 판사가 돼야 하네.

글라우콘 옳으신 지적입니다.

소크라테스 이것이 자네가 건설할 국가에 두고 싶어 하는 의술과 법률의 모범 아니겠나? 이들은 육체와 영혼의 건강에 두루 자양분을 뿌릴 걸세. 반면 타락한 육체와 영혼의 질병은 소멸하도록 내버려둘 걸세.

글라우콘 그것이 개인이나 국가를 위해 최선일 것입니다.

소크라테스 하지만 아까도 지적했듯, 절제를 고취하는 단순한 음악으로 교육받은 우리의 젊은이들은 법에 호소하는 일이 적을 것이네.

글라우콘 그럴 것입니다.

소크라테스 같은 경로로 단련된 신체 또한 의술이 필요치 않을 걸세.

글라우콘 그렇겠지요.

소크라테스 그들에게 있어 체육은 체력을 유지하기 위함이지 운동선수처럼 근육을 발달시키거나 힘을 기르기 위함이 아니네.

글라우콘 그렇습니다.

소크라테스 그런데 음악과 체육이 흔히 상상하듯, 한쪽은 정신만을 다른 한쪽은 육체만을 훈련하기 위한 방편은 아니네.

글라우콘 그럼 무엇을 훈련하기 위한 것입니까?

소크라테스 둘 다 영혼을 선양하기 위함이지.

글라우콘 왜 그렇게 생각하십니까?

소크라테스 자네는 체육에만 전력을 기울인 자와 음악에만 전력을 기울인 자의 정신상태를 관찰해본 적 있나?

글라우콘 정신상태가 어떻게 나타납니까?

소크라테스 하나는 완강하고 사나운 기질을, 다른 하나는 부드럽고 유약한 기질을 양산하네.

글라우콘 음악가나 운동선수의 그러한 기질쯤은 저도 짐작하고 있습니다.

소크라테스 모든 기질은 정신에서 연유하네. 완강하고 사나운 기질도 올바르게만 교육하면 용감한 기질로 전환시킬 수 있네. 하지만 이것도 지나치면 완고하고 잔인하게 되네.

글라우콘 그렇겠습니다.

소크라테스 그런데 음악가나 철학자의 기질은 온순하네. 이것 역시 올바르게만 교육하면 온화하고 절제 있는 기질이 될 것이지만 지나치면 유약하게 되네.

글라우콘 알겠습니다.

소크라테스 그러므로 진정한 수호자라면 이 두 기질을 함께 지니고 있어야 한다고 생각하네.

글라우콘 저도 그렇게 생각합니다.

소크라테스 또한 조화를 이루어야 하지.

글라우콘 그렇습니다.

소크라테스 조화를 이룬 영혼은 절제 있고 용감하기도 하지.

글라우콘 그렇습니다.

소크라테스 그러나 조화를 이루지 못한 영혼은 비겁하고 야만스러울 걸세.

글라우콘 맞습니다.

소크라테스 그래서 음악에 심취해 감미롭고 부드러운 선율에 자신을 내맡기다보면 어느 단계에는 기운이 날 것이고 강철같이 단련될 걸세. 하지만 도가 지나치면, 어느 단계에선가 그러한 기질은 녹아 없어져 나약한 전사로 전락해버릴 걸세.

글라우콘 맞는 말씀입니다.

소크라테스 만일 기가 약한 사람이라면 이 변화는 급속히 진행될 것이네. 그러나 기가 강한 사람이라면 별것도 아닌 자극에 흥분했다가는 곧장 사그라들 것이네.

글라우콘 틀림없이 그럴 겁니다.

소크라테스 한편 과도하게 체육에 집착하면서 음악이나 철학과 거리가 멀어지면 어떻게 될까? 처음엔 신체가 강건해져 기백도 넘쳐흐를 것이네. 그러나 궁극에는 뮤즈의 여신과 멀어지면서 벙어리나 소경처럼 될 것이네. 그의 영혼은 곧 시들어 감각마저 혼탁해지고 말겠지.

글라우콘 그렇습니다.

소크라테스 결국엔 철학을 혐오하게 되고 신들로부터 멀어져 야수처럼 될 것이네. 난폭하고 거칠어져 무지의 혼돈에 빠지겠지. 그런 사람에게 절제나 예의 바른 품성을 기대할 수는 없네.

글라우콘 맞는 말씀입니다.

소크라테스 신은 인간에게 용맹함과 애지적愛知的인 것에 대한 덕을 부여했네. 체육과 음악이 그것인바 인간은 이 둘을 적절히 조화시켜야만 하네.

글라우콘 동감입니다.

소크라테스 그러므로 우리의 국가를 존속시켜려면 이러한 사람이 필요하네.

글라우콘 그러한 사람이 필요합니다.

누가 통치자가 돼야 하는가: 통치자의 자격

소크라테스 자, 이 문제는 여기서 매듭짓는 게 좋겠네. 다음에는 통치자의 문제로 넘어가세. 누가 우리의 지배자가 돼야 하는지 검토해보세. 우선 통치자가 연장자여야 한다는 데는 이견이 없겠지?

글라우콘 그렇습니다.

소크라테스 그리고 그들 가운데서 가장 훌륭한 사람이어야겠지?

글라우콘 물론입니다.

소크라테스 가장 훌륭한 농부는 농사일에 가장 헌신적인 사람이 아니겠나?

글라우콘 당연히 그렇습니다.

소크라테스 그렇다면 가장 훌륭한 통치자 역시 국가 수호를 위해 가장 헌신적인 사람이어야 하지 않겠나?

글라우콘 그렇습니다.

소크라테스 그런 수호자는 현명하고 슬기로우며 국가에 대한 사랑도 각별할 걸세.

글라우콘 그래야만 하겠죠.

소크라테스 그런데 사람은 자기가 사랑하는 것에 대해 제일 관심도 많고 각별할 것 아닌가?

글라우콘 물론입니다.

소크라테스 그러면 우리의 수호자들 가운데 선출해야 할 인물은 이런 사람이어야겠네. 국가를 위한 일엔 열성을 다하면서도 그렇지 않은 일엔 초연한 사람 말일세.

글라우콘 그런 사람을 뽑아야 합니다.

소크라테스 아울러 그러한 소신을 끝까지 지킬 수 있는지, 중간에 유혹이나 강압에 못 이겨 자신의 책무를 잊거나 포기하는 일은 없는지 살펴봐야 하네.

글라우콘 어떻게 살펴봐야 하는지요?

소크라테스 국가에 대한 충성심이 강한 자를 뽑되 어려서부터 지켜봐야 한다는 뜻이네. 그리하여 자신의 신념을 저버리거나 잊지 않도록 감시해야 하네. 여기에 문제가 있는 사람은 뽑지 말아야 할 걸세.

글라우콘 그래야겠습니다.

소크라테스 그런가 하면 갖가지 시련과 고통을 주어 시험해보기도 해야 하네. 망아지를 소란스러운 곳으로 끌고 가 겁이 많은지 살펴보고, 황금을 불 속에 던져 그 품질을 시험해보듯이 말이네. 그럼에도 유혹에 굴하지 않고 조화로운 품성과 소신을 유지한다면 그는 국가를 위해 유용한 자라 할 수 있네.

하지만 여기에서 그쳐서는 안 되지. 우리는 부단히 그를 관찰해야 하네. 그래서 그가 성년에 이르러서까지 자기 자신을 지키는 데 아무 문제가 없다고 판단되면 그때 비로소 통치자로 임명해야 하네. 그리고 살아서나 죽어서나 그에게 명예를 주고 묘비나 기념비에는 최대의 특전을 베풀어야 해. 하지만 그렇지 못한 자는 배격해야 마땅하네. 그러므로 글라우콘, 이것이 통치자를 선출하고 임명하는 방식일세.

글라우콘 동감입니다, 소크라테스 선생님.

소크라테스 그리고 이제 수호자라는 말은, 외침으로부터 국가를 보호하고 국민 상호 간의 평화를 유지하는 한층 높은 계급에게만 적용하기로 하세. 아울러 앞서 수호자라고 불러왔던 젊은이들도 통치자들의 신념을 지지하는 보조자 혹은 협력자라고 부르는 것이 적합할 것 같네.

글라우콘 그게 좋겠습니다.

소크라테스 그러면 이제 근사한 거짓말을 꾸며낼 차례네.

글라우콘 무슨 말씀이십니까?

소크라테스 페니키아인의 전설[12] 같은 얘기지. 이런 거짓말이 지금도 통할는지는 잘 모르겠네만, 아무튼 설득력이 있어야겠지.

글라우콘 무슨 내용인데 그렇게 망설이십니까?

소크라테스 이야기함세. 나는 다음과 같은 거짓 이야기를 만들어 통치자와 수호자, 그리고 일반 사람들에게 들려줄 셈이네. 내용은 이렇네. 수호자인 당신들은 일찍이 지구라는 땅속에서 태어나 양육돼 왔다는 것, 무기와 다른 장비들 또한 거기에서 제조됐고 이 모든 것들이 완성된 다음에야 지상으로 내보내졌다는 것, 따라서 국가는 어머니요 유모라는 것, 그렇기 때문에 국가의 이익을 위해 최선을 다할 의무가 있으며 적의 공격으로부터 국가를 방위해야 한다는 것,

---

12) 페니키아 왕 카드모스의 전설로, 용의 이빨을 땅에 뿌려 한 무리의 무사들이 태어나게 했다고 한다.

또한 일반 시민들 역시 같이 태어난 대지의 형제들이므로 각별히 아껴야 한다는 것 등이네.

글라우콘 듣고 보니, 선생님께서 망설이실 만한 내용입니다.

소크라테스 그러나 이게 다가 아니네. 기왕 시작했으니 마저 이야기해야겠네. 나는 국민들을 향해 이렇게 말하려 하네.

"신이 비록 다르게 만들었으나 그대들은 한 형제이다. 그대들 가운데 어떤 사람은 금을 섞어 통치자로 만들고, 어떤 사람은 은을 섞어 보조자로 만들었으며, 또 어떤 사람은 철과 구리를 섞어 농부나 직공으로 만들었다. 하지만 그대들은 모두 한 핏줄이어서 어떤 때는 금의 자손에게서 은의 자손이 나오기도 하고 은의 자손에서 금의 자손이 나오기도 한다. 그러므로 신은 자손의 혼에 어떤 성분이 들어 있는지 잘 지켜보라고 했다. 그래서 만일 그대들의 자손이 철이나 구리가 섞인 자로 태어나면 그 천성에 맞게 농부나 직공으로 삼고, 금이나 은이 섞인 자로 태어나면 통치자나 보조자의 지위를 주어야 한다. 이는 철이나 구리가 섞인 수호자가 나라를 지킬 경우 그 나라가 멸망할 것이라는 신탁 때문이다."

대강 이런 줄거리네. 그런데 이런 이야기를 믿게 할 방도가 있을까?

글라우콘 당장 우리 세대에서 이를 믿게 할 수는 없을 것 같습니다. 그러나 우리의 후대나 그 후대쯤 가면 가능할지도 모르겠습니다.

소크라테스 그것이 어렵다는 것은 나도 아네. 그러나 이러한 이야기를 지어낸 것은 국가와 우리 자신을 위해서네. 믿음의 문제는 결국

여론의 향배에 따라 결정될 것이네만, 이 얘기는 여기까지만 하세. 다만 무장시켜놓은 우리의 영웅들을 통치자의 지시대로 따르게 하면서, 어떻게 하면 적을 효과적으로 방어할 수 있는지 그 주둔지를 물색해보세. 주둔지가 정해지면 그곳에 진지를 쌓고 신들에게 제물을 올려야겠네. 또 막사도 지어야겠지.

글라우콘 그렇습니다.

소크라테스 그들의 막사는 추위나 더위를 막을 수 있어야 하네.

글라우콘 물론입니다. 선생님께서 말씀하시는 것이 숙소라면.

소크라테스 그렇네. 하지만 양치기들의 숙소가 아니라 전사들의 숙소를 지어야 하네.

글라우콘 그 두 가지가 어떻게 다른지요?

소크라테스 양치기의 개를 생각해 보세. 개는 양의 입장에서 보면 자신들을 지키는 보조자라고 할 수 있지. 그런데 그 개가 어떤 연유로든지, 방종 탓이든 굶주림 탓이든 양을 지키기보다 해치는 데 주력한다면 그 개는 이리를 닮았다고 할 수 있네. 이는 양치기의 입장에서 보면 참으로 무섭고 한심한 일일세.

글라우콘 그렇습니다. 무섭고 한심한 일입니다.

소크라테스 우리의 보조자들 또한 마찬가지네. 그들이 사나운 이리를 닮지 않도록 경계해야 하네.

글라우콘 그래야지요.

소크라테스 그런데 그들이 이에 대한 교육을 제대로 받고 있다고 볼 수 있을까?

글라우콘 저는 그들이 훌륭히 교육받고 있다고 봅니다.

소크라테스 단언하지 말게, 글라우콘! 나는 그 점에 대해 아직 확신할 수 없네. 그들에 대한 교육은 최선을 다해 항상 신중하게 이루어져야 하네.

글라우콘 옳은 말씀입니다.

소크라테스 교육도 교육이지만 그들에게 속한 모든 것들을 쓰고 활용하는 데 있어 주의를 게을리하게 해선 안 되네. 재산이든 도구든 수호자들의 덕을 훼손하고 국민들을 괴롭히는 장치로 전락하게 해선 안 되네.

글라우콘 그래선 안 됩니다.

소크라테스 그러므로 그들은 꼭 필요한 물건들만 갖도록 해야 하네. 집이든 창고든 사유재산을 갖도록 해선 안 되지.

식량이나 보수도 필요한 만큼만 지급하되 연간 소비량 이상을 주어서는 안 되네. 식사를 비롯한 모든 생활을 공동으로 해야 하고 금이나 은과 같은 귀중품도 가까이 하게 해선 안 되네. 그러한 귀중품은 이미 신으로부터 부여받은 그들 자신의 몸 안에 있다는 것을 일깨워줌으로써 만족토록 해야 하네. 그들의 혼을 정결하게 유지하기 위해 일반 국민들과 어떤 거래도 하게 해선 안 되네. 금이나 은을 걸쳐서도 안 되고 금이나 은으로 만든 식기로 식사를 하게 해서도 안 되네. 그래야만 그들 자신과 국가를 수호할 수 있다고 믿게 해야 하네.

만일 그들이 사리사욕을 채우고 재물을 모으는 데 맛을 들인다면 그들은 수호자가 아니라 국민의 적이 되고 도둑이 될 걸세. 그리하

여 서로가 서로에게 해를 끼치는 자가 되어 공포와 증오 속에서 결국
은 나라를 망치게 될 것이네. 이런 이치로 국가의 기강을 확립하고
질서를 바로잡아야 한다고 생각하네. 그러니 이런 취지로 법률을 제
정하도록 하세. 어떤가, 글라우콘?

글라우콘 저 역시 동감입니다.

제4권

정의로운 삶

그러면 여기서 다시 한번 확인하세. 정의란 각자의 소임을 다하는 것이고 이는 국가나 개인에 있어서도 동일하다는 것이지. 제화공은 구두 만드는 일에, 목수는 집 짓는 일에 최선을 다하는 것이 정의네.

소크라테스가 수호자의 자격에 관해 논하면서 그들이 해야 할 일과 해서는 안 될 일을 명시했을 때, 잠자코 있던 아데이만토스가 나서며 질문을 던졌다.

아데이만토스의 질문: 수호자의 행복이란?

아데이만토스 소크라테스 선생님! 누가 만약에 이렇게 항의한다면 선생님께서는 뭐라고 답변하시겠습니까?

'수호자들은 전혀 행복하지 않다. 국가란 실상 그들의 것임에도 국가로부터 받는 혜택이 없다. 다른 사람들처럼 토지나 집을 소유할 수도 없고 신들에게 제물을 바칠 수도 없으며 손님이 찾아와도 제대로 대접할 수 없다. 또 금이나 은을 쳐다보지도 못하게 한다. 오로지 나라를 지키는 일에만 전념하라고 하니 이는 용병과 다를 것이 무엇이겠는가?'라고 말입니다.

소크라테스 일리 있는 지적이네. 그러나 어디 그뿐이겠는가? 제대로 보수도 받지 못하고 마음대로 여행도 할 수 없다네. 쓰고 싶은 돈도 못 쓰고 말이야. 그 밖에도 불평불만은 더 많겠지.

아데이만토스 그렇습니다. 비난거리는 더 많을 겁니다.

소크라테스 그러나 조금만 더 참고 우리의 논의를 진행시켜보세. 그러면 답이 나올 테니까. 우리가 국가를 세운 동기를 생각해보세. 우리의 국가는 어느 한 사람을 위해 세운 것이 아니네. 모두가 잘 살고 행복하게 하자는 것이지. 그러한 국가에서만이 정의는 힘을 발휘할 수 있고 그렇지 못한 나라에서는 정의가 발붙일 곳이 없을 것이네. 그러니 우리는 특정 계층만이 아니라 전 국민이 행복하도록 국가를 이끌어가야 하네.

그러려면 어떻게 해야 하겠는가? 예를 들어 설명해보겠네. 우리가 조각상에 칠을 하고 있는데 어떤 사람이 와서 말하기를, 조각상의 가장 아름다운 부분을 왜 가장 아름답게 칠하지 않느냐고 힐난했다고 하세. 그러면 우리는 이렇게 답해야겠네.

"모든 그림이 다 그렇지만, 눈을 그릴 땐 눈답게 그리고 코를 그릴 땐 코답게 그려야만 하는 것이오. 그렇지 않고 단지 눈만을 아름답게 그린다든가 코만을 아름답게 그려서는 전체 그림의 구도가 깨지게 되는 것이오."

수호자들에 대해서도 마찬가지로 얘기할 수 있네. 그들의 것이 아닌 행복을 그들에게 주라고 말하는 것은 잘못이지. 그러니까 또 이렇게 덧붙여 말해야겠네.

"우리는 농부들에게 화려한 외투를 두르게 할 수도 있고 금장식을 걸치게 할 수도 있으며 마음대로 땅을 갈게 할 수도 있소. 그렇게 해서 행복할 수만 있다면 말이오. 하지만 그렇게 해야 한다고 강변하지는 마시오. 그렇게 되면 농부는 농부가 아닐 것이고 도공陶工은 도공이 아닐 것이며 그 밖의 모든 사람들도 구성원으로서의 특색을 잃게 될 것이오. 그래도 보통사람의 경우는 큰 문제가 안 되지만, 수호자들의 경우는 다르오. 제화공이 본분을 잃고 타락했다고 해서 국가가 위기를 겪지는 않지만 법률과 국가의 수호자들이 타락하면 국가는 망하고 말 거요."

그러니까 수호자들을 임명할 땐 국가 전체의 관점에서 판단해야하네. 그들이 자신만을 생각하지 않고 국가를 염두에 두고 행동하도록 독려하고 지켜보아야 하지.

아데이만토스 전적으로 옳은 말씀입니다.

수호자들이 경계해야 할 것: 부와 가난

소크라테스 그런데 또 하나 생각나는 게 있네. 그대가 이것도 동의할는지는 모르겠네만.

아데이만토스 그게 무엇입니까?

소크라테스 장인匠人들의 기술을 타락시키는 데는 두 가지 원인이 있네. 부와 가난이 그것이지.

아데이만토스 어째서 그것들이 타락을 불러온다는 겁니까?

소크라테스 가령, 도공이 부자가 되면 어떻게 되겠는가? 자기의 기술 개발에 힘을 기울이겠는가?

아데이만토스 안 그렇겠지요.

소크라테스 점점 더 게으르고 부주의해지지 않겠나?

아데이만토스 그렇게 되겠지요.

소크라테스 그는 결국 나쁜 도공이 되고 말 거네.

아데이만토스 그렇군요.

소크라테스 반대로 그가 돈이 없어 연장이나 도구도 없이 일해야 하는 경우에도 그는 일을 잘 할 수 없겠지? 그렇게 되면 자식들이나 제자들에게 기술도 선양할 수 없을 걸세.

아데이만토스 명백히 그렇습니다.

소크라테스 그렇다면 우리의 수호자들이 경계해야 할 것이 하나 더 늘었네. 그들 자신도 모르는 사이에 스며들 위험이.

아데이만토스 그게 어떤 겁니까?

소크라테스 부와 가난일세. 부는 사치와 게으름을 낳고 가난은 부도덕과 노예근성을 낳으니 말이네.

아데이만토스 그건 사실입니다. 그런데 이 점에 대해서는 어떻게 생각하시는지요. 국가가 가난할 땐 어떻게 전쟁을 치러야 합니까? 특히 상대가 부유하고 강하다면 말입니다.

소크라테스 그런 국가와 대적한다는 건 쉬운 일이 아니네. 그러나 그러한 적이 둘일 경우에는 문제가 다르지.

아데이만토스 무슨 뜻인지요?

소크라테스 가령 어떤 권투선수가 있다고 치세. 그는 말 그대로 권투선수여서 일반인은 그에게 상대가 되지 않네. 그런 선수가 돈 많은 신사 두 사람쯤 제압하기란 별로 어렵지 않을 걸세.

아데이만토스 두 사람이 함께 덤벼들면 쉽지 않을 겁니다.

소크라테스 막다른 골목만 아니라면 자유로이 몸을 놀려 한 사람씩 제압하기란 그리 어렵지 않을 걸세. 더구나 태양이 작열하는 벌판에 서라면, 그는 전문가이므로 지친 상대방을 하나씩 해치우기가 훨씬 쉬울 걸세.

아데이만토스 듣고보니 그렇겠습니다.

소크라테스 그렇다면 부강한 국가를 권투선수로 비유해도 손색이 없을 걸세. 그리고 그 국가는 숫적 열세를 얼마든지 극복할 수 있을 것처럼 보이네.

아데이만토스 사실 그렇습니다.

소크라테스 그 경우 우리는 두 국가 가운데 한쪽을 택해 사신을 보내고 우리의 실정을 알려야 하네. 우리에겐 금이나 은 같은 귀금속도 없을 뿐 아니라 다른 전리품이 될 것도 없다고 말이야. 즉 우리와 싸워 득이 될 게 아무것도 없다는 것을 알리는 것이지. 그러면 그들은 우리처럼 비쩍 마르고 성질 깐깐한 개와 싸우기보다는 유순하고 살찐 양과 싸우려 할 걸세. 그것이 훨씬 이득일 테니까 말이네. 자넨 그렇게 생각하지 않나?

아데이만토스 그렇게 생각합니다.

수호자들의 임무: 교육과 양육, 입법

소크라테스 그럼 이제 국가의 규모에 대해 얘기해보세. 내 생각엔, 우리가 세운 국가는 아무리 커진다 해도 통합 가능한 선까지만 커져야 할 듯싶네. 그 이상 커져 두세 국가로 분할해야 할 정도가 돼서는 곤란하네. 분열의 화근을 만들어서는 훌륭한 국가로 성장할 수 없을 테니까.

아데이만토스 옳으신 말씀입니다.

소크라테스 그러므로 우리의 수호자들에게 일러두어야겠네. 국가를 너무 크지도, 그렇다고 너무 작지도 않게 유지하라고 말이야. 단일한 국가로서 자급자족할 수 있도록 말이네.

아데이만토스 그게 좋겠습니다. 수호자들에게 그 정도는 가벼운 주문일 겁니다.

소크라테스 더 가벼운 것도 있네. 우리가 앞서 얘기한 것을 실천하는 일이지. 즉 수호자들에게 어울리지 않는 자손이 태어났을 경우 그 자손을 일반 집단으로 보내고, 일반 집단에서 태어난 자손이 우수하면 수호자 집단으로 보내야 한다는 걸세. 국민 각자의 본성에 맞는 일을 하게 함으로써 국가 전체를 여럿이 아닌 하나의 국가로 통합하자는 얘기네.

아데이만토스 확실히 아까보다는 가벼운 주문이군요.

소크라테스 여보게, 아데이만토스. 우리의 주문은 모두 가벼운 것들이네. 그들이 중요한 것 한 가지만 지킨다면 말이야.

아데이만토스 한 가지란 무엇입니까?

소크라테스 교육과 양육이네. 그들이 훌륭한 교육을 통해 절도 있는 품성을 계발하기만 하면 실천하는 데 어려움이 없는 일이지. 즉 부인을 소유하고 아이들을 양육하는 문제 등에 있어 '친구의 것은 나누어 갖는다'[13]라는 격언대로 하기만 한다면 말일세.

아데이만토스 그렇게만 된다면 좋겠습니다.

소크라테스 중요한 것은 첫 단추를 잘 꿰어야 한다는 것이네. 이렇게 해서 출발만 잘되면 그 다음부터는 마치 바퀴가 굴러가듯 자연스럽게 진전될 것이라 믿네. 건전한 교육과 양육을 통해 법과 제도가 정비되고 이는 다시 좋은 교육과 양육으로 연결돼 대대손손 더 훌륭한 결과를 낳을 것이네.

아데이만토스 가능할 것입니다.

소크라테스 그러니까, 무릇 국가를 관리하는 자들이라면 무엇보다 교육에 신경 써 바람직한 교육제도를 확립해야 하네. 아울러 체육이나 음악 등을 원형대로 보존하도록 해서, 가령 새로운 노래가 나타나 사람들의 이목을 끌 때에도 그것이 결코 새로운 형식의 노래가 아니라는 것을 알려야 하네. 비록 시가의 양식 변화가 기존의 질서에

---

13) 이 말은 5권의 초반부에 다시 논란으로 이어지면서 이야기를 끌고가는 화두가 된다.

120

미치는 영향이 미미하다 할지라도 그것을 혁신하려 해서는 안 되네.

아데이만토스 동감입니다. 음악이란 본래 연기처럼 스며들어 우리의 일상을 지배하는 것이니까요. 그리하여 그것이 잘못되면 우리의 법과 제도조차 삼켜버리는 것이니까요.

소크라테스 그렇네. 그러므로 젊은이들을 교육할 때, 오락에 참여하는 일은 엄격하게 관리해야 하네. 정해진 질서에 따라 여가를 향유하도록 해야 하네. 그래야만 훌륭하게 성장할 수 있을 것이고, 어른이 돼서도 국가의 잘못을 바로 짚어내 고칠 수 있을 걸세.

아데이만토스 옳은 말씀입니다.

소크라테스 그렇게 되면 그들의 선조들이 소홀히 했던 작은 문제들도 유연하게 규칙화할 수 있을 것이네.

아데이만토스 좀더 구체적으로 말씀해주십시오.

소크라테스 일종의 예의범절을 말하는 것이네. 효도와 바른 몸가짐, 어른들에 대한 말조심, 남을 먼저 배려하는 일 등을 말하는 거지. 하지만 이런 일들을 법률로 정해 규제한다는 것은 어리석은 일 같네. 굳이 법제화해 유죄로 키울 일이 아닌 것 같다는 말이지.

아데이만토스 저도 그렇게 생각합니다.

소크라테스 교육이란 각 개인의 선한 의지를 촉발시키는 것에 목적을 두어야 하네. 그래서 같은 것이 같은 것을 끌어들이도록 해야 하네. 그렇지 않나, 아데이만토스?

아데이만토스 그렇습니다.

소크라테스 그리하여 선한 것이 선한 것을 끌어들이도록 하면 그것들이 모여 장엄한 결과들을 가져올 걸세. 따라서 나라면 이런 것들을 입법화하지 않겠네.

아데이만토스 저 역시 동감입니다.

소크라테스 그렇다면 이권 때문에 발생하는 각종의 계약이나 소송, 상해나 모욕, 폭행을 심판할 심판관을 누구로 임명할 것인가 하는 문제, 각종 세례나 조례를 입법화하는 문제 등에 대해서는 어떻게 생각하나?

아데이만토스 선한 자들에겐 그것 또한 번거로운 일에 불과할 겁니다.

소크라테스 그럴 걸세. 우리가 이야기한 것들을 신이 보살펴주시기만 한다면 말이네.

아데이만토스 그러나 신의 가호가 없다면 그들은 계속해서 법을 만들고 고쳐나갈 것입니다. 평생을 두고 말입니다.

소크라테스 결국 그들은 평생에 걸쳐 자신의 병과 싸우는 사람과 같네. 언젠가는 그 병이 고쳐질 수 있을 것이라 믿으면서 말이지. 그 정도는 애교로 봐줄 수 있는 일이지. 법을 세워 악을 제거할 수 있다는 믿음 뒤에 히드라[14]가 자라고 있다는 것을 모르고 있으니 말이네.

아데이만토스 그렇습니다.

소크라테스 진정한 입법가는 질서 있는 국가에서나 그렇지 않은 국

---

14) 그리스 신화에 나오는 뱀. 머리가 아홉 개인데 머리 하나를 자르면 그 자리에 새로 두 개가 생긴다는 괴물. 헤라클레스가 이를 죽였다고 전한다.

가에서나 이러한 것을 입법하는 데는 그다지 신경쓰지 않을 걸세. 무질서한 국가에서는 그것이 소용없을 것이고 질서 있는 국가에서라면 그 문제를 해결하는 데 별 어려움이 없을 테니까 말이네.

아데이만토스 그렇다면 이제 입법과 관련해 우리에게 남아 있는 과제는 무엇입니까?

소크라테스 없네. 델포이의 신인 아폴론에게 남아 있는 과제 이외에 우리가 해결할 일은 없네. 신에 대한 각종 의식과 절차, 제사와 장의 등에 관해 우리가 아는 것은 없네. 그것은 우리의 조상인 신들에게 맡겨두기로 하세. 지구의 중심에서 인류를 통괄하고 있는 신앙의 해설자야말로 그들일 테니까 말이네.

그러니 아리스톤의 아들이여! 우리의 국가 건설도 이로써 끝난 셈이니 자네들 형제와 폴레마르코스, 또 그 밖의 다른 이들과 함께 정의가 어디에 있고 불의가 어디에 있는지, 그것의 차이는 무엇인지 규명해보는 게 좋을 걸세. 그리하여 우리가 취할 것이 무엇인지도 살펴보아야겠네. 그것이 잘 찾아질는지는 모르겠네만.

소크라테스가 이렇게 말하면서 대화를 끝낼 기미를 보이자, 글라우콘이 끼어들어 이의를 제기하고 나섰다. 그는 정의를 찾아주겠다고 한 약속을 지키라면서 소크라테스의 기억을 환기시켰다. 소크라테스는 마지못해 응하면서, 여러 사람의 도움이 필요하다는 전제하에 입을 열었다.

훌륭한 국가에 필요한 덕목: 지혜

소크라테스 나는 정의를 찾음에 있어 한 가지 가정, 즉 우리의 국가가 완벽하다는 가정하에 출발했으면 하네.

글라우콘 당연히 그래야 할 겁니다.

소크라테스 그렇다면 그 국가는 지혜롭고, 용감하고, 절제 있고, 정의로울 것이네.

글라우콘 분명합니다.

소크라테스 우리가 세운 국가에서 우선 눈에 띄는 것은 지혜 같네. 그런데 이 지혜에는 무엇인가 기묘한 점이 있네.

글라우콘 그게 무엇입니까?

소크라테스 앞서 우리가 묘사한 국가는 지혜가 충만한 것 같네. 좋은 생각들을 많이 갖고 있으니 말이네.

글라우콘 그렇습니다.

소크라테스 이 좋은 생각들은 지식의 일종임에 틀림없네. 좋은 생각은 지식을 바탕으로 이루어질 수밖에 없으니까.

글라우콘 그렇습니다.

소크라테스 우리의 국가에는 온갖 종류의 지식이 많다고 할 수 있겠네. 그런데 이러한 국가의 지혜로움이 목수들의 지식 때문이라고 말할 수 있겠는가?

글라우콘 없습니다. 그러한 국가라면 목수일에 뛰어난 국가라는 평판만 얻을 것입니다.

소크라테스 그러므로 한 가지 일에 뛰어난 지식을 갖고 있다고 해서 그 국가를 지혜로운 국가라고 부르지는 않겠군. 농사일에 뛰어난 지식을 갖고 있으면 농사일에 밝은 국가라고 해야 하듯이.

글라우콘 그렇습니다.

소크라테스 그렇다면 지혜로운 국가라는 칭호에 어울릴 만한 지식을 가진 사람들은 없는가?

글라우콘 있습니다. 국가를 지키는 자, 수호자라고 불리는 사람들이 그들입니다.

소크라테스 그러한 지식을 갖춘 국가를 자네는 뭐라고 부르겠나?

글라우콘 지혜로운 국가라고 불러야겠습니다.

소크라테스 그런데 그 지혜로운 국가에는 대장장이가 더 많겠나, 수호자가 더 많겠나?

글라우콘 당연히 대장장이가 더 많겠지요.

소크라테스 그러니까 자기 분야의 지식을 가진 사람들 가운데 수호자들이 가장 적지 않겠나?

글라우콘 가장 적습니다.

소크라테스 그렇다면 이 국가는 가장 적은 수를 가진 수호자들의 지식 덕분에 지혜로워졌다고 봐야 하겠네. 국가가 그들의 지식으로 움직이니까 말일세.

글라우콘 옳은 말씀입니다.

소크라테스 그러고 보니 훌륭한 국가에 필요한 네 가지 덕목 가운데 하나를 우리는 찾은 셈이네. 지혜라는 덕을.

글라우콘 그렇습니다.

훌륭한 국가에 필요한 덕목: 용기

소크라테스 다음에 찾아야 할 것은 용기이네. 그럼 용기란 무엇이고 그 용기를 지닌 사람들이 어떤 부류의 인물들인지 알아보세. 국가적 범주에서 용감함을 논할 때 가장 적절한 사람들이 누구겠는가? 전장에 나가 싸우는 사람들이 아니겠는가?

글라우콘 그렇습니다.

소크라테스 그러니까 그들이 용감하냐 아니냐에 따라 국가의 운명이 결정된다고 할 수 있겠군?

글라우콘 물론입니다.

소크라테스 그 용감한 자들은 입법자가 교육을 통해 가르쳐준 두려움에 대한 분명한 견해를 가지고 있는 사람들이네. 이들이 자네들이 생각하는 용감한 사람들이지.

글라우콘 무슨 말씀인지 모르겠습니다. 알아듣게 한 번 더 말씀해주십시오.

소크라테스 용기란 일종의 보전에 대한 신념, 즉 보전을 말하는 것이네.

글라우콘 무엇에 대한 보전을 말씀하십니까?

소크라테스 두려워할 것들, 그리고 그와 관련해 생긴 신념을 교육을

126

통해 보전한다는 것이네. 어떠한 위기에도 굴하지 않고 말일세. 예를 들어 말해볼까?

글라우콘 그래주시죠.

소크라테스 가령 염색을 할 경우, 하얀 빛깔의 양털을 골라 염색이 잘되도록 깨끗이 손질한 다음 작업한다는 것은 자네도 알고 있을 걸세. 그렇게 염색된 직물은 색깔도 선명하고 어떤 경우에도 물감이 빠지지 않아 보전하는 데도 문제가 없지. 그런데 준비과정을 소홀히 해서 흰색이 아닌 양털에 염색을 했다든가, 불순물을 제거하지 않은 채 염색을 했다면 원하는 색을 얻을 수 없을 걸세.

글라우콘 물론 그렇겠지요.

소크라테스 전사들의 경우도 이와 같네. 전사들을 선발해 음악과 체육을 잘 가르쳤다고 하세. 마치 완벽한 준비를 거쳐 염색했을 경우 직물이 물감을 잘 빨아들이듯, 어떻게 하면 이들이 법률을 잘 빨아들일까를 연구하면서 말이네. 그리하여 뜻대로 이들을 교육시키고 나면 그들은 보전에 대한 신념을 지니게 되지. 아무리 어렵고 두려운 일이 닥쳐도 이들의 의지는 꺾이지 않네. 어떠한 쾌락이나 공포로도 이들에게 물든 색깔을 빼낼 수가 없게 되는 것일세. 그리하여 두려움에 대한 분별과 올바른 견해를 유지하는 힘을 지니게 되지. 나는 이것을 용기라고 부르겠네.

글라우콘 저 역시 그것을 용기라고 부르겠습니다. 이 용기가 비겁자의 만용을 칭하는 것은 아닐 테니까요. 그러한 만용은 법률의 명을 거역하는 것이기도 할 겁니다.

소크라테스 옳은 말이네. 이제 우리가 찾아야 할 덕은 두 가지가 남아 있네. 절제와, 우리가 이 탐구를 통해 찾아내고자 했던 최종의 것, 정의가 그것이지.

글라우콘 그렇습니다.

훌륭한 국가에 필요한 덕목: 절제

소크라테스 이 절제는 앞서 말한 지혜나 용기보다 더 조화로운 측면이 있네.

글라우콘 어찌하여 그렇습니까?

소크라테스 절제란 일종의 질서로서, 쾌락이나 욕망을 극복하는 것일세. 사람들이 흔히 말하는 극기克己, 즉 '자기 자신을 이긴다'는 말을 살펴보면 알 수 있네.

글라우콘 그렇군요.

소크라테스 그런데 이 표현은 좀 이상하지 않나? 자기 자신을 이긴다니? 자기가 자기를 이긴다면 '이기는 자기'와 '지는 자기'가 있다는 것 아닌가? 그렇다면 진정한 우리의 '자기'는 누구란 말인가? '이기는 자기'에게 지면 '지는 자기'가 이긴 것이고, '지는 자기'에게 이기면 '이기는 자기'가 진 것이 아닌가? 그러나 이 말은 이런 뜻인 것 같네. 인간의 영혼에 '더 나은 부분'과 '못한 부분'이 있다면 말일세, '더 나은 부분'이 '못한 부분'을 이길 때 자기 자신을 이긴다고 말하는 것 같네. 그리고 그것이 역전됐을 때 우리는 '자기 자신에게 졌다'고 말하는 것이지. 이는 곧 절제의 실패를 의미하네. 무절제가 그것이지.

글라우콘 일리 있는 말씀입니다.

소크라테스 이제 우리가 세운 국가를 살펴보세. 방금 말한 것과 같은 요소가 우리의 국가에도 있다는 걸 알 수 있을 걸세. 그래서 '더 나은 부분'이 '못한 부분'을 이겼을 때, 사람의 경우가 그러하듯, 그 국가를 절제 있는 국가라고 부를 수 있을 걸세.

글라우콘 듣고보니 선생님의 말씀이 옳습니다.

소크라테스 아울러 살펴보세. 욕망이나 쾌락, 고통 따위를 제일 많이 겪는 사람들이 누구겠나? 노예들, 어린이나 부녀자들, 이른바 자유민이라고 하는 사람들 가운데서도 저열한 사람들이 그들 아니겠나?

글라우콘 그렇습니다.

소크라테스 그러나 현실에 급급한 그러한 욕망은 훌륭히 교육받은 소수의 사람들에게서는 찾아볼 수 없을 걸세.

글라우콘 그렇습니다.

소크라테스 그러므로 절제에 의거해 탄생한 국가가 있다면, 그것은 바로 우리가 세운 국가가 아니겠나?

글라우콘 사실입니다.

소크라테스 지배하느냐 지배받느냐 하는 문제에 합의를 본 국가가 있다면, 그것 또한 우리가 세운 국가가 아니겠나?

글라우콘 그렇습니다.

소크라테스 그러한 국가에서 절제의 실효를 거두는 쪽은 어디겠나? 지배하는 쪽이겠나, 지배받는 쪽이겠나?

글라우콘 양쪽 다라고 해야겠죠.

소크라테스 그렇네. 우리가 앞서 얘기했던 것, 절제는 조화로움이라는 말이 틀리지 않았음이 드러났네.

글라우콘 어찌하여 그렇습니까?

소크라테스 지혜나 용기는 어느 한 부분에만 있어도 그 국가를 지혜 있는 국가나 용기 있는 국가로 만들지만 절제만은 그렇지 않기 때문이지. 그것은 강한 음이나 약한 음, 중간 음의 조화를 통해 아름다운 음정이 나오는 것처럼, 각계각층의 사람들이 한마음을 이룰 때 드러나는 것이라네. 한마음은 조화로움을 통해 나타나게 되고, 그 조화로움이 바로 절제인 셈이지.

글라우콘 전적으로 동감합니다.

훌륭한 국가에 필요한 덕목: 정의

소크라테스 결국 우리는 여기까지 왔네. 이제 남은 것은 정의를 찾아내는 일뿐이네. 그런데 글라우콘, 우리는 정말 바보가 아닌가 생각되네. 우리는 마치 손바닥 안에 들어 있는 물건을 찾는 사람처럼 행동했으니 말일세.

글라우콘 무슨 뜻인지요?

소크라테스 사실 우리는, 오래 전에 정의를 얘기해놓고도 그걸 알아보지 못했네. 처음 우리가 국가를 세우면서 정했던 기본적 원칙들이 있는데 그 중의 한 가지가 정의라는 생각이 드네. 자네도 기억하는지 모르지만 그것은 우리가 얘기했던 것들 속에 있었네. 국민 각자는 자신의 성향과 소질에 맞는 일을 찾아 일해야 한다는 것이 그것이지.

글라우콘 그렇습니다. 분명히 그렇게 말했습니다.

소크라테스 맡은 바 자신의 일에 충실하되 다른 일엔 참견하지 않는 것이 정의라고도 말했고.

글라우콘 그렇습니다.

소크라테스 그러니 글라우콘, 맡은 바 자기 일을 열심히, 잘하는 것이 정의라네. 그런데 자넨, 내가 무엇을 근거로 해서 이런 결론을 끌어냈는지 아나?

글라우콘 모르겠습니다. 말씀해주십시오.

소크라테스 우리가 지금까지 논의해왔던 것들, 즉 지혜 · 용기 · 절제의 원동력인 동시에 그것들이 잘 보전되도록 해주는 것, 그것이 정의인 바, 이 정의는 앞서 발견한 세 가지 덕목을 제외하면 자연스레 남는 것이라고 말한 적이 있지.

글라우콘 틀림없이 그렇게 말한 적이 있습니다.

소크라테스 그런데, 이들 중 어떤 것이 훌륭한 국가를 만드는 데 가장 크게 기여하는 것인지, 이를 따져 판정하기란 참으로 어렵네.

글라우콘 진정 어렵습니다.

소크라테스 어렵긴 하지만, 국민들 각자가 자신의 소임을 다하는 것, 그것이 지혜·절제·용기 등에 견줄 만한 덕이라는 데는 이의가 없을 걸세. 즉 앞서 논의한 세 가지 덕목과 비교해볼 때, 최소한 비슷한 정도의 무게를 갖는 것이 정의라는 말이네.

글라우콘 그렇습니다.

소크라테스 그러니까, 미심쩍다면 이렇게 한번 생각해보세. 어떤 문제에 대해 판결해야 할 일이 생겼다고 가정해보세. 자네는 그 판결을 누가 해야 한다고 생각하나? 통치자들이 해야 하지 않을까? 그래야겠지?

글라우콘 물론 그래야 합니다.

소크라테스 그럴 때, 판결의 기준은 무엇일까? 국민 각자가 자신의 역할에 충실한지 충실하지 않은지, 남의 것을 넘보고 빼앗는지 그렇지 않은지를 근거로 삼아야 할 것 아닌가?

글라우콘 그렇습니다. 그게 기준이 돼야 합니다.

소크라테스 그것이 옳다고 보기 때문이지?

글라우콘 그렇습니다.

소크라테스 그렇다면, 자네도 방금 인정했듯이, 자신의 것을 잘 지키고 자신의 맡은 바 일을 잘 수행하는 것이 정의라는 것에 합의를 본 셈이네.

글라우콘 그렇습니다.

소크라테스 또 이런 경우도 생각해보세. 목공이 제화공의 일을 한다거나 제화공이 목공의 일을 한다고 가정하고, 그러기 위해 각자의 연장과 임무를 바꾼다면 국가에 큰 손실을 끼칠 것이라고 생각하나?

글라우콘 별로 그럴 것 같지는 않습니다.

소크라테스 그렇지만 천성이 본래 장사꾼인 어떤 인물이 전사戰士가 되려 한다거나, 전사가 그럴 자격이 없음에도 통치자가 되려 한다면, 그래서 기강과 질서가 무너진다면 그 국가는 어떻게 되겠나, 파멸에 이르지 않겠나?

글라우콘 파멸에 이르게 될 겁니다.

소크라테스 결국 부당한 간섭이나 부적절한 임무 교환은 국가에 해악이 될 것이네. 이는 비난받아 마땅한 일이지.

글라우콘 그렇습니다.

소크라테스 그러므로 이는 정의롭지 못한 일이네. 그러니까 정리하자면, 국민들 각자가 자신의 소임을 다하는 것을 정의라고 할 수 있는 반면, 그렇지 못한 것을 불의라고 할 수 있네.

글라우콘 그렇습니다.

소크라테스 그러나 여기서 결론을 내리기에는 좀 이르네. 우리가 애초에 상정했던 가설을 환기해보세. 개인에 있어서 정의의 문제를 파악하기 위해 우리는 국가라는 더 큰 단위의 정의를 규명해보자고 했었네. 그것이 관찰하기에 더 용이할 뿐더러 우리가 건설하고 있는 국가에는 그러한 정의가 반드시 있을 거라고 확신했기 때문이지. 그러므로 이제 드러난 결과를 개인에 적용해보세. 그래서 개인에게서도 그 결과가 일치한다면 정의의 문제는 해결된 것이네.

하지만 일치하지 않는다면 우리는 다시 국가의 경우에 이를 적용시켜 시험하고 확인해봐야 하네. 그래서 둘을 비교하고 관찰해 '정의의 불꽃'이 피어나도록 하세. 그러다보면 이 문제도 해결될 걸세.

글라우콘 지당하신 말씀입니다.

정의로운 사람이란?

소크라테스 정의의 문제만을 고려한다면, 정의로운 사람과 정의로운 국가는 다를 바가 없네. 그렇지?

글라우콘 그럴 것입니다.

소크라테스 국가에는 서로 다른 세 부류의 계급[15]이 있고, 이 세 부류의 계급이 자신의 소임을 다하면서 지혜와 용기, 절제의 미덕을 발휘했을 때 그 국가를 정의롭다고 우리는 얘기했었네.

글라우콘 그렇게 얘기했었습니다.

소크라테스 그렇다면 개인도 같지 않겠나? 국가의 경우처럼 개인도 세 부류의 원리를 그 개인의 정신에 지니고 있다고 볼 수 있겠지. 우리는 그것을 인정해야 하네. 예컨대 어떤 지방의 사람들이 고집 세다는 평을 받고 있다면 그 지방 사람 개개인의 성격이 그렇기 때문이라고 할 수 있겠지. 학구적 성향이 짙다든가 욕심이 많다든가 하는

---

15) 장사꾼이나 기술자들처럼 돈벌이에 종사하는 부류, 수호자처럼 보조자의 역할을 담당하는 부류, 통치자들처럼 의결하는 부류.

것들도 그러한 연유로 설명할 수 있지.

글라우콘 틀림없습니다.

소크라테스 그러나 이러한 성향이 몇 가지 원리에 의해 드러나는 것인지, 그것을 규명하기란 매우 어렵네. 다시 말해 지혜나 용기 같은 덕성이 우리의 천성 가운데 어떤 것의 영향을 받아 발현되는 것인지 알기 어렵단 말이네. 지혜나 용기가 각자 다른 정신의 어떤 부분에 영향을 받는 것인지, 아니면 정신 전체의 참여에 의한 것인지 참으로 규명하기가 어렵네.

글라우콘 그렇습니다. 참으로 어렵습니다.

소크라테스 그러니 이런 식으로 생각해보세. 그래서 그것들이 서로 같은 것에 영향받는지, 아니면 다른 것에 영향받는지 알아보세.

글라우콘 어떻게 말입니까?

소크라테스 동일한 어떤 것이 동일한 시간과 장소를 벗어나 상반된 일을 한다는 것은 불가능한 일이네. 즉 우리의 정신 속에 있는 어떤 요소들에서 이와 같은 점이 발견된다면, 그것들은 결코 동일한 것이 아니라는 결론을 끌어낼 수 있네. 이해할 수 있나?

글라우콘 물론입니다.

소크라테스 그렇다면 어떤 것이 한 장소에 멈춰 있으면서 동시에 움직일 수 있겠나? 없겠지?

글라우콘 없습니다.

소크라테스 그럼 이런 경우는 어떻게 이해해야 하겠나. 팽이가 한 장소에 멈춰 돌아가는 것을 보고 팽이 전체로서는 서 있지만 동시에 움직인다고 말할 수도 있나? 그렇게 말해서는 안 될 것 같네. 팽이가 돌면서 서 있는 것은 분명하지만, 어떤 부분도 동시에 돌면서 서 있을 수는 없으니까 말이네. 이렇게 얘기할 수는 있겠지. 팽이의 축은 서 있지만 팽이의 외곽은 돌고 있다고 말이야. 하지만 그것도 축을 벗어나 기울면 당연히 서 있는 것은 아니네.

글라우콘 옳으신 말씀입니다.

소크라테스 따라서 우리는 혼란에 빠지지 않도록 주의해야겠네. 아리송한 얘기를 듣더라도 동요할 필요가 없네. 동일한 어떤 것이 동일한 시간과 장소를 벗어나 상반된 움직임을 보인다고 한다면 우리는 절대 믿지 말아야 할 것이네.

글라우콘 당연히 그래야 할 것입니다.

소크라테스 그럼 논의를 계속하세. 우리가 이해한 대로라면, 어떤 일에 고개를 끄덕여 동의하는 것과 고개를 저어 부인하는 것은 상반된 행동이네. 밀고 당기는 것도 마찬가지고 좋아하고 싫어하는 것도 마찬가지지.

글라우콘 그렇습니다. 상반되는 것들입니다.

소크라테스 그렇다면 갈증이나 허기 같은 것, 또는 일반적인 욕구나 원망 같은 것들에 대해서는 어떻게 말해야 하나. 이도 마찬가지 방식으로 이해해야 되지 않겠나? 원하는 사람은 원하는 것을 얻기 위해 애를 쓸 테고 그 반대의 경우는 그것을 물리치기 위해 애를 쓰겠지. 말이 나왔으니, 욕망의 경우를 문제 삼아 생각해보세. 우리의 욕망 가운데 가장 일반적인 것이 무엇이겠나. 갈증과 허기 아니겠나?

136

글라우콘 그렇습니다.

소크라테스 갈증은 물에 대한 욕구요, 허기는 빵에 대한 욕구겠지?

글라우콘 그렇습니다.

소크라테스 그런데 마실 것을 원하는 데도 여러 가지가 있지. 찬 물을 원할 수도 있고 뜨거운 물, 따뜻한 물을 원할 수도 있네. 더울 땐 찬 물을, 추울 땐 따뜻한 물을 원하겠지. 또 목이 어느 정도 마르냐에 따라 많은 양의 물을 원할 수도 있고 적은 양의 물을 원할 수도 있겠지. 어쨌든 갈증 자체가 지시하는 욕구는 마실 것에 한정돼 있다고 봐야겠지. 갈증이 나는데 빵을 원할 수는 없는 일이지. 허기의 경우도 마찬가지고.

글라우콘 그렇습니다. 단순한 욕구는 단순한 대상을 갖고 있다고 봐야겠습니다.

소크라테스 그러나 주의할 것이 있네. 마실 것을 요구한다 했을 때 사람들은 단지 마실 것이 아니라 기왕이면 더 좋은 음료를 원하기 마련이라는 것이지. 빵의 경우도 단지 빵이 아니라 기왕이면 좋은 빵을 원하기 마련이고. 그래서 나는 사물의 상대적 관계에 있어 한쪽에 어떤 특성이 부과되면 다른 쪽에도 그와 같은 특성이 부과돼야 한다고 생각하네.

글라우콘 무슨 말씀이신지요?

소크라테스 크다는 것은 작다는 것과 상관있다는 것이네. 그러니까 아주 크다는 것은 아주 작다는 것과 상관있다는 것이지. 많다는 것은 적다는 것과 상관있는 것이고, 뜨거운 것은 차가운 것과 상관있다는 것이네. 모든 상관물은 상대적 의미에서 그렇다는 것 아니겠나?

글라우콘 그렇습니다.

소크라테스 이와 같은 원리는 학문에도 통용되지. 그래서 특수한 학문은 특수한 종류의 지식을 원하지. 예를 들어 건축학은 건축에 대한 지식을 구현하네. 그것은 다른 것에는 없는 특수한 성질을 갖고 있기 때문이지.

글라우콘 그렇습니다.

소크라테스 그런데 이 특수성은 특수한 목표를 세워놓았기 때문에 생긴 것이지. 다른 기술이나 학문도 다 그렇네.

글라우콘 그렇습니다.

소크라테스 자네도 이제 내 말을 알아들었을 걸세. 그러나 여기서도 혼동하면 안 되네. 한 대상의 이러저러한 성질이 그 대상의 이러저러한 성질을 불러온다고 말하려는 것은 아니네. 즉 건강에 대한 지식이 건강하다거나, 병에 대한 지식이 병약하다고 말하려는 것은 아닌란 말일세. 선에 대한 지식이 선하고, 악에 대한 지식이 악하다고 말해선 안 되듯이.

글라우콘 물론입니다.

소크라테스 그럼 다시 갈증에 대해 생각해보세. 갈증을 느끼는 사람은 당연히 마실 것을 원하네. 그러나 갈증 자체만 놓고 볼 때 그것이 원하는 바는 단순하다고 봐야 하네. 마실 것의 많고 적음이나 좋고 나쁨을 대상으로 하지 않는다는 말일세. 즉 이것저것의 조건이 따라

붙는 갈증이 아니라, 갈증 자체로서는 오직 마실 것만을 대상으로 하고 있단 말이지.

글라우콘 그렇습니다.

소크라테스 그런데 갈증을 느끼는 사람의 마음속에서 무엇인가가 그것을 느끼지 못하게 한다면, 우리 마음속에도 그것을 느끼지 못하게 하는 무엇인가가 있다고 봐야 하지 않겠나? 그래서 갈증을 느끼고 있음에도 뭔가 마시기를 주저하는 경우를 상정할 수 있겠지? 그런 사람도 있을 수 있는 것 아닌가?

글라우콘 당연히 있을 수 있습니다.

소크라테스 그럴 경우 갈증 해소에 대한 욕구보다 욕구에 대한 자제심이 더 우세했다고 말할 수 있지 않겠나?

글라우콘 그렇습니다.

소크라테스 나는 그것을 이성의 힘이라고 생각하네. 본능에 저항하는 어떤 것으로서 말이네. 그래서 이 두 가지를 구분해 하나를 합리적 이성이라 부르고 본능에 집착하는 마음을 불합리한 욕구라 부를 수 있을 것 같네.

글라우콘 그렇게 구분할 수 있겠습니다.

소크라테스 결국 우리의 정신 속에는 이와 같은 두 가지 원리가 작용하고 있다는 것을 인정해야겠네. 그렇다면 분노할 경우 보이게 되는 기백 같은 기상은 어떻게 봐야 하나. 앞에 말한 것들 가운데 하나와 같은 성질의 것인가, 아니면 다른 제3의 것인가?

글라우콘 아마도 욕구와 비슷한 성질의 것이 아닌가 싶습니다.

소크라테스 이보게, 글라우콘! 언젠가 들은 얘기를 해주지. 아글라이온의 아들 레온티우스가 피레우스에서 북쪽 성벽을 따라 들어오다가 사형집행관 곁에 누워 있는 시체들을 보았다네. 그는 속으로 갈등했네. 시체들을 보고 싶다는 마음과 그것을 보아서는 안 된다는 마음이 싸우고 있었던 거지. 그런데 보고 싶다는 욕구가 너무 커 시체들 쪽으로 다가가 이렇게 중얼거렸다네. '똑똑히 보아라, 이 고약한 마음아! 어서 저 좋은 구경거리를 실컷 보란 말이야!'

글라우콘 그 얘기는 저도 들었습니다.

소크라테스 이 얘기는 분노가 욕구와는 다른 것으로서, 욕구에 저항해 싸운다는 것을 암시하네.

글라우콘 그런 것 같습니다.

소크라테스 이런 경우는 비일비재하네. 어떤 욕구가 이성에 저항하도록 강요하면, 당사자는 자신을 질책하는 동시에 강요하는 내부의 억압에 분개하게 되지. 마치 서로 싸우는 두 당파 사이에 있는 것처럼. 그래서 결국엔 기백이 이성의 편에 서게 된다네. 그렇지 않고, 기백과 욕구의 결탁을 이성이 반대하는데도 불구하고, 기백이 욕구의 편에 서는 것을 자네는 본 적이 있나?

글라우콘 결코 본 적이 없습니다.

소크라테스 그렇다면 분노에 의한 열정이나 기백이 욕구의 한 부분일지 모른다는 자네의 추측은 수정돼야겠네. 방금 우리가 검토했듯이, 기백은 분명 합리적 이성의 편에 서 있다고 봐야 하니까.

글라우콘 듣고보니 그렇습니다.

소크라테스 그렇다면 기백을 또한 이성의 한 부분이라고 봐야 할까? 우리의 정신 속엔 이성과 욕구라는 두 부분만 있는 걸까? 아니면 국가에 세 부류의 계급이 있듯이 우리의 영혼에도 기백적인 것이 제3의 것으로 있어서 이성적인 것을 보조하는 걸까?

글라우콘 제3의 것이 있어야 합니다.

소크라테스 그렇지. 욕구와는 다른 것으로 판명된 열정이나 기백이 이성과도 별개의 것으로 밝혀진다면 말이네.

글라우콘 그걸 확인하기는 그리 어렵지 않을 것 같습니다. 아이들의 경우만 봐도 알 수 있으니까요. 아이들은 태어나면서부터 기백에 가득 차 있지만 이성을 갖는 것은 훨씬 뒤의 일이죠.

소크라테스 이제야 우리는 거친 바다를 건너 해안에 도달했네. 국가에 있는 것과 같은 덕목들이 개인에게도 있다는 것을 발견했고 그 수 또한 같다는 것을 알았네.

글라우콘 그렇습니다.

소크라테스 그렇다면 개인 역시 국가가 지혜로움을 획득하는 방식과 똑같은 방식으로 지혜로움을 터득할 수 있다고 봐야겠네.

글라우콘 그렇습니다.

소크라테스 같은 방식으로, 국가에 있어 용기를 구성하는 것과 같은 덕성이 개인에게도 작용한다고 볼 수 있겠군. 그렇다면 다른 덕성들도 동일한 관계를 지니고 있다고 보아 무방하겠지?

글라우콘 물론입니다.

소크라테스 그러므로 개인의 정의 역시 국가의 그것과도 같다고 봐야겠네.

글라우콘 당연히 그렇습니다.

소크라테스 그런데 글라우콘! 국가에 있어 정의란 세 부류의 계급이 각자의 소임을 다하는 것이라는 사실을 잊지는 않았겠지?

글라우콘 잊지 않았습니다.

소크라테스 그렇다면 이는 우리 개개인에게도 적용돼야 하네. 각자의 내면에 있는 세 부분이 맡은 바 자기 일을 올바로 수행할 때, 그 사람 역시 정의로운 사람이 될 걸세.

글라우콘 그럴 것입니다.

소크라테스 아울러 지혜로우며 전체 정신을 관할하는 이성적 부분이 통치자의 역할을 맡아야 하고, 열정이나 기백과 같은 부분은 이성에 협력하고 지배받아야 한다는 것도 알아야겠네.

글라우콘 물론입니다. 알고 있습니다.

소크라테스 그렇다면 앞서 말한 대로, 음악과 체육이 이 둘을 조화롭게 해야 한다고 볼 수 있지 않겠나? 이성적인 부분은 고결한 언어와 학문으로 격려·고무하고, 열정적인 부분은 하모니와 리듬으로 달래고 순화시켜야겠지.

글라우콘 그렇습니다.

소크라테스 이처럼 두 부분이 제대로 양육되어 자신의 본분을 알고 소임을 다하면 욕구적인 부분은 자연스레 길들여질 걸세. 사실 우리의 정신은 욕구의 힘으로 가득 차 있어서 관리하기가 보통 힘든 게 아니네. 재물욕이나 애욕만 봐도 알 수 있지 않나? 그것들은 끊임없이 우리의 이성적인 부분을 시험하려 들지. 따라서 이들에게 혼을 빼앗기지 않도록 늘 감시해야겠네.

글라우콘 그렇습니다.

소크라테스 그렇게만 되면 어떠한 환난에도 잘 대처할 수 있을 걸세. 외부의 공격에 대해 합리적 이성으로 결정하면 다른 쪽은 그 결정에 따라 용감하게 대응할 것이니 말일세.

글라우콘 옳은 말씀입니다.

소크라테스 우리가 어떤 사람을 용기 있는 사람이라고 부르는 것은 그가 이성에 따라 고통이나 쾌락을 제어하기 때문이 아니겠나?

글라우콘 그렇습니다.

소크라테스 또한 지혜가 있다는 것은 그 이성에 의해 바르게 지배받았을 때 아니겠나? 그런데 이성적인 부분은 위에 말한 세 부류 각각에 대해서뿐만 아니라 세 부류 전체에 대해서도 이익을 도모하는 지식을 갖고 있다는 말이네. 그렇지?

글라우콘 그렇습니다.

소크라테스 또한 절제가 있다는 것은 이러한 부분들이 조화를 이루되 서로 반목하지 않는다는 것이지. 욕구와 기백이 이성의 지배에 따라 움직인다는 것, 그것이 절제 아니겠나?

글라우콘 국가든 개인이든, 그것이 절제임에 틀림없습니다.

소크라테스 그러면 여기서 다시 한번 확인하세. 정의란 각자의 소임을 다하는 것이고 이는 국가나 개인에 있어서도 동일하다는 것이지. 제화공은 구두 만드는 일에, 목수는 집 짓는 일에 최선을 다하는 것이 정의네. 하지만 정의란 외면적인 일과 관련된 것이 아니라 인간의 내면적인 것과 관련돼 있네. 다시 말해 자신의 내면을 잘 조절하고 지배와 복종, 협력을 마치 조화로운 음정을 통해 아름다운 선율을 이끌어내듯이 변주해내는 일이지. 그러한 것이 절제고 그 절제의 결과물이 인격이라는 것이지. 그런 연후에 비로소 우리는 무슨 일이든 할 수 있네. 돈을 벌 수도 있고 국가와 사회를 위해 어떤 일이든 할 수 있네. 그때의 그 마음 상태를 유지하도록 해주는 행위가 옳고 아름다운 행위이며, 그 행위를 담당하는 지식이 곧 지혜인 셈이네.

글라우콘 전적으로 옳은 말씀입니다.

소크라테스 이제 우리는 정의로운 개인과 국가를 발견했네. 그렇다면 부정을 발견하기도 그리 어려운 일은 아닌 듯하네. 정의를 구성하는 세 부분 사이의 싸움이나 간섭, 혹은 정신 전체에 대한 일부의 반란이 부정일 걸세. 이러한 혼란을 통해 무절제와 비겁, 무지 같은 악덕이 나온다고 볼 수 있겠지.

글라우콘 그렇게 볼 수 있습니다.

제5권

공산사회와 남녀평등

그러므로 참된 수호자란 이미 말한 그런 것 이외에도 우리가 방금 합의했던 것을 합쳐, 재물은 물론 가족까지도 공동으로 소유해야 하네. 그것이 '내 것'과 '네 것'을 없애고 분열을 막는 길이며, 행복과 불행을 공유하는 길이지. 그렇게 되면 사유재산이 없으므로 쓸데없는 사건이나 소송에 휘말릴 일도 없을 걸세.

소크라테스와 글라우콘은 악덕의 유형에 대해 탐색하면서 정
신적 유형에 특기할 만한 다섯 가지가 있다고 말한다.[16] 그러면
서 권력의 분점 여부를 떠나 통치자들이 얼마나 현명하고 바른
정신을 가지고 있느냐에 따라 그 국가가 훌륭할 수도 있고 그렇
지 않을 수도 있다고 말한다. 즉 참된 국가란 참된 인간형과 같
아서 국가의 질서와 영혼의 질서가 다 함께 영향받는다는 것이
다. 그러면서 말을 이어갈 찰나, 합석해 있던 폴레마르코스와
아데이만토스에 의해 논의는 엉뚱한 방향으로 전개된다. 그들
은 소크라테스가 4권에서 간단히 언급했던, '부인을 소유하고
아이들을 양육하는 문제 등에 있어 친구의 것은 나누어 갖는다'
라는 말을 시비의 대상으로 삼고, 이 문제에 대해 보다 철저히
접근해줄 것을 요구한다. 아데이만토스에 의하면 이 문제는, 그

---

16) 이 다섯 가지 유형은 8, 9권에서 자세히 언급된다.

중요성으로 보아 쉽사리 넘어갈 수 없는 문제임에도 소크라테스가 특유의 유창한 화술로 자신들을 속이려 했다는 것이다. 글라우콘까지 동조해 '아내와 자식의 공유란 어떤 것이냐'고 힐문하자, 소크라테스는 마침내 입을 연다.

남자와 여자는 평등하다

소크라테스 이 문제에 답을 내기란 참으로 어렵네. 부인과 자식을 공유한다는 게 가능한지도 모르겠거니와 가능하다 해도 그것이 최선인지가 의문이기 때문이지. 솔직히 난 이 문제를 건드리고 싶지 않네.

글라우콘 염려마십시오, 선생님. 저희들은 결코 적대적으로 나서지 않을 것입니다.

소크라테스 그럼 모험을 해보도록 하세. 부득이 여자와 남자의 역할과 성질에 대해 언급하지 않을 수 없네. 우선 여자들의 성질부터 이해해야겠네. 글라우콘, 자네는 어떻게 생각하나? 여자들이 남자들의 일을 감당할 수 있다고 생각하나? 여자들도 전투를 수행할 수 있을까? 이런 의문은 우리가 논의해왔던 것에 비추어보면 사실 그 해답을 찾기란 어렵지 않네. 우리는 국가의 기틀을 세우면서 각자의 성격과 직분에 맞는 일을 해야 한다는 원칙을 세운 적이 있네. 그러므로 답은 자명하네. 남자와 여자의 성질이 다른 이상 그 하는 일도 달라야 한다는 것이지. 이게 자연스런 결론이네. 자네는 이러한 결론에 뭐라고 반박할 텐가?

글라우콘 글쎄요, 저로서는 답변드리기가 곤란합니다. 그 문제는 선생님이 저희 입장에 서서 말씀해주시는 것이 좋겠군요.

소크라테스 어쨌든 살펴보세. 우리는 각 개인의 성질에 따라 직업을 달리 해야 하며 여자와 남자는 성향이 다르다고 전제했네. 지금 우리가 곤경에 빠진 것은 이 때문이지.

글라우콘 그렇습니다.

소크라테스 그런데 우리는 좀 반성해야겠네. 우리 자신을 좀더 고찰해봐야겠단 말이네.

글라우콘 무슨 말씀이신지요?

소크라테스 우리는 때때로 분별없이 떠벌릴 때가 있네. 생각의 힘으로 논의를 밀고 나가는 것 같지만, 상대방의 말에 반박하려는 타성으로 입씨름을 하는 거지.

글라우콘 종종 그렇습니다. 하지만 그것이 왜 지금 문제가 되는지 모르겠습니다.

소크라테스 우리 스스로도 모르는 사이에 입씨름을 벌일 우려가 있기 때문이지. 가령 우리는 성격이 다르면 직업을 달리해야 한다고 말하면서도 그 차이성이나 동일성에 대해 별다른 의문을 제기하지 않고 있지. 성격에 따라 직업이 나누어져야 한다면서도 그 성격의 어떤 점 때문에 그것이 결정되는지 생각해본 적이 없지 않은가?

글라우콘 딴은 그렇습니다.

소크라테스 가령 성질이 상반된 털보와 대머리가 있는데, 한쪽이 제화공이라면 나머지는 제화공이 돼서는 안 된다고 말할 수 있겠나?

글라우콘 농담이시겠지요.

소크라테스 물론 농담이네. 하지만 그렇게만 넘길 일도 아니네. 애초 우리가 제기했던 성질의 차이는 직업에 영향을 주는 차이만을 언급했던 것이 아니었으니까. 우리는 그것을 두루뭉술하게 적용했네. 하지만 남자나 여자가 어떤 기술을 발휘하는 데 본질적인 차이가 있다면 당연히 구분해서 적용해야겠지. 그러나 그 차이라는 것이 단지 여자는 아이를 낳고 남자는 아이를 못 낳는 차이를 말하는 것이라면, 그것은 질적인 차이로 볼 수가 없다는 것이네. 즉 교육에 있어 남녀가 입장을 달리해야 된다는 증거로 삼을 수 없단 말이지. 그러므로 우리들의 수호자와 그의 부인이 같은 직업에 종사해야 한다면, 나는 반박할 수가 없네.

글라우콘 옳은 말씀입니다.

소크라테스 그러니까 여자가 단지 여성이라는 이유만으로 어떤 일을 못 할 수는 없네. 자연의 천성은 남녀 간에 동일하니까. 남자의 직업을 여자도 가질 수 있다네. 다만 그럴 경우, 여자는 남자보다 약할 따름이네.

글라우콘 사실 그렇습니다.

소크라테스 약하다고 해서 모든 의무나 권한으로부터 여자를 배제해도 좋겠는가?

글라우콘 그럴 수는 없습니다.

소크라테스 여자끼리만 봐도 그 능력이나 재능은 천차만별이네. 어떤 여자는 의술에 재능이 있지만 다른 여자는 그렇지 못하며, 어떤 여자는 음악에 소질이 있는데 다른 여자는 그렇지 못하네. 또 어떤 여자는 체육이나 군사훈련에 소질을 발휘하는 경우도 있네. 심지어 어떤 여자는 철학과 친숙하게 지내기도 하지. 마찬가지 관점에서, 어떤 여자는 수호자의 자질을 타고 난 경우도 있네. 남자들 또한 그러한 자질 때문에 수호자가 된 것 아니겠나?

글라우콘 그렇습니다.

소크라테스 그러므로 수호자의 자질을 타고 난 여자들은 수호자와 함께 살면서 그 의무를 다하는 것이 좋지 않겠나?

글라우콘 그게 좋겠습니다.

소크라테스 그렇다면 수호자의 아내들에게도 음악과 체육을 교육받도록 하는 것이 옳지 않을까?

글라우콘 그래야만 합니다.

소크라테스 교육의 기회는 동등하게 주어져야 하네. 그리고 여자들에게 부과할 의무도 동등하게 주어져야 하네. 단지 국가를 방위함에 있어서나 전쟁을 함에 있어 그 노동의 강도는 비교적 가벼워야 하겠지. 자, 그렇다면 우리는 한 가지 법령을 또 유용하게 제정한 셈이네. 이제 우리는 남녀의 성별을 떠나 수호자들에게 공통된 과업을 부여해야 한다는 데 합의했네. 파도를 하나 넘은 셈이지.

글라우콘 그렇습니다. 큰 풍랑을 넘으셨습니다.

왜 아내와 자식을 공유해야 하는가?

소크라테스 그러나 더 큰 파도가 몰려오고 있네. 이번 것은 결코 만만치가 않아 보이네.

글라우콘 용기를 내십시오.

소크라테스 그것은 이런 것이네. '처자를 공유해야 한다는 것, 따라서 부모는 자식을 알 수 없고 자식 또한 부모를 알 수 없다는 것'이지. 어떤가, 무시무시한 파도 아닌가?

글라우콘 정말 엄청난 풍랑입니다.

소크라테스 사실 이 문제는 논쟁의 여지가 너무 커서 말하기가 조심스럽네. 하지만 천박한 상상만 물리칠 수 있다면 이 문제의 공리성엔 뭔가 위대한 게 있네. 그러므로 자네만 괜찮다면, 이 계획의 실현에 따른 국가적 이익을 중심으로 검토해 보고 싶네.

글라우콘 동의합니다. 계속하시죠.

소크라테스 통치자가 그 직분에 맞게 수호자를 선출한 것처럼, 수호자의 여자들 역시 그 직분에 맞게 선출해서 공동으로 거주하고 식사하며 교육을 받도록 해야 하네. 여자들은 누구의 소유도 아니므로 자연스럽게 성관계를 맺게 되지. 그렇다고 문란하다는 뜻은 아니네. 선택받은 자들이 사는 국가에서 방종이란 있을 수 없는 일이니까. 그것은 통치자의 입장에서도 허용하지 않을 걸세.

글라우콘 그래야 할 겁니다.

소크라테스 그런데 결혼을 어떻게 하도록 해야 신성하고 유익해질까 고민이네. 자네라면 어떻게 하겠나, 글라우콘. 자넨 집에 사냥개도 키우는 모양이니 이 문제에 대해 일가견이 있을 줄 믿네. 교미나 생식에 대해 관심을 가져본 적 있나?

글라우콘 어떻게 말입니까?

소크라테스 예를 들어 자네 집의 동물들이 모두 혈통 좋거나 우수한 체질을 갖추고 있진 않을 것 아닌가? 그런데 만약 자네가 우수한 새끼를 원한다면 짝짓기를 어떻게 시키겠는가?

글라우콘 가장 우수하고 성숙한 놈들끼리 짝을 짓도록 배려합니다.

소크라테스 그래야겠지. 그것이 우수한 혈통을 유지하는 길일 테니까. 그러한 원리는 인간에게도 그대로 적용될 걸세.

글라우콘 같은 원리가 통용될 겁니다.

소크라테스 그러나 우리의 경우엔 약간의 술책이 필요하네. 그래서 통치자라면 능숙한 의사처럼 약물을 투여해야 하지. 허위와 기만이라는 이름의 약물을.

글라우콘 무슨 말씀이신지요?

소크라테스 우수한 자는 우수한 자끼리 관계 맺게 하고 열등한 자는 열등한 자끼리 관계 맺게 하자는 것이 우리의 전략이었네. 국민들의 질적 수준을 향상시키자면 말일세. 그런데 이러한 전략은 통치자만의 기밀이어야 하네. 그렇지 않으면 상당한 반감을 불러올 걸세.

글라우콘 사실입니다.

소크라테스 통치자는 축제나 제례 행사 때 신랑 신부를 만나게 하고, 제물을 바치는 행사를 통해 그들의 혼인을 성사시키면 될 걸세.

152

그러면서 시인들의 찬가를 덧붙이면 좋겠지. 혼인의 수는 전쟁이나 질병을 감안해 적정한 인구가 유지되도록 통치자의 재량에 일임하는 게 좋을 거고. 국가가 필요 이상으로 커지거나 작아지지 않도록 말이야.

글라우콘 옳은 말씀입니다.

소크라테스 결혼할 남녀를 선택하는 데 있어서도 신중해야 하네. 아무도 이의를 제기하지 못하도록 공정한 방식으로 추첨하는 게 좋겠지. 자신의 재수 없음을 탓할망정 통치자를 원망하지는 못하게 말이지.

글라우콘 그게 좋겠습니다.

소크라테스 그리고 전쟁이나 기타 분야에서 뛰어난 활약을 한 젊은 이들에겐 명예나 보수뿐만 아니라 여자와 자주 동침할 수 있는 권리를 주어야 하네. 그러면 일석이조의 효과를 거둘 수 있을 걸세. 우수한 자손을 더 많이 태어나게 할 뿐만 아니라 젊은이들의 용기를 북돋우는 데도 한몫할 테니까.

글라우콘 옳은 말씀입니다.

소크라테스 태어난 아이들을 돌볼 수 있는 관리들도 적정하게 선발해 교육시켜야 할 걸세. 그들은 아이들을 돌볼 뿐만 아니라 아이들이 우성인지 열성인지를 판가름해 잘못 태어난 아이들은 별도의 시설에 은밀히 조치하는 역할도 해야 하네.

글라우콘 수호자 계급의 혈통을 유지하려면 그렇게 해야겠습니다.

소크라테스 관리들은 또한 산모나 아이들의 양육에 관해서도 각별히 신경써야 할 걸세. 산모는 친자식을 알아보지 못하도록 대책을 마련한 다음 젖을 먹이도록 해야 하네. 산모의 젖이 부족할 경우에는 유모를 쓰되, 어린아이 때문에 몸이 피곤하지 않도록 뒷수발을 드는 보모나 시종들을 배치하는 게 좋겠네.

글라우콘 수호자의 아내들을 배려하기엔 그 방법이 제격이겠습니다.

소크라테스 그렇지. 그런데 아이들은 장년기에 이른 부모들에게서 태어나도록 해야 하네.

글라우콘 어떤 연령대를 말씀하시는 겁니까?

소크라테스 여자는 대략 스무 살에서 마흔 살까지를 임신 적령기로 보면 될 걸세. 반면 남자는 스물다섯에서 쉰다섯 살까지 보면 되겠군.

글라우콘 그 나이 때가 육체적으로나 정신적으로 가장 활기를 띨 때인 것 같습니다.

소크라테스 이 나이 때를 벗어난 자가 아이를 낳는다면 그건 부적절할 뿐만 아니라 무절제의 산물이므로 지탄받아야 하네. 통치자의 허락 없이 성관계가 이루어지는 것도 안 되지. 다만 임신 적령기를 지난 사람들에 한해서는 자유롭게 성관계를 할 수 있도록 제도화할 필요가 있네. 그렇게 하되 근친으로 추정되는 사이끼리의 접촉은 금해야 하지. 그러니까 이런 경우 단 한 사람의 아기도 태어나지 않도록 주의하고 교육시켜야 하네.

글라우콘 좋은 방법이긴 합니다만, 근친 여부를 어떻게 판별할 수 있는지요?

소크라테스 그건 원칙적으로 불가능하네. 그러나 관계를 맺은 날로부터 일곱 달이나 열 달 사이에 태어난 모든 아이들을 아들이나 딸로 여겨야 할 테니까, 그걸 기준으로 경계 삼아야 할 걸세. 이런 식으로 구분하면 손자나 할아버지, 할머니의 관계도 자연스레 형성되겠지.

글라우콘 그러면 되겠군요.

소크라테스 그러나 이 모든 것이 설득력을 얻고 제대로 시행되기 위해서는 이것이 다른 제도와 어울릴 뿐만 아니라 최선의 방법이라는 점이 입증돼야 하네.

글라우콘 그렇습니다.

소크라테스 그러므로 우리는 이러한 점에 합의해야겠네. 입법자가 법률을 제정하고 국가를 만드는 데 최대의 선과 악이 무엇인지 알아본 다음, 지금까지 우리가 얘기해온 것들이 그 선과 일치하는지 악과 일치하는지 여부를 따져 결정하자는 것이지.

글라우콘 그게 순서일 것 같습니다.

소크라테스 그런데 글라우콘, 국가를 분열시켜 여러 개로 나누면 어떻겠나? 그보다 나쁜 일도 없겠지? 반대로 국가를 결합시켜 하나로 만들면 어떻겠나? 그보다 좋은 일도 없겠지?

글라우콘 당연합니다.

소크라테스 그렇다면 어떤 일이 발생했을 때 국민들이 희로애락을 같이 한다면, 그것은 단결되어 있다는 증거 아니겠나? 반면에 같은 일을 두고도 슬퍼하는 사람과 기뻐하는 사람이 양분돼 있다면 이는 그 국가가 분열되어 있다는 증거겠지?

글라우콘 그렇습니다.

소크라테스 이는 '내 것'과 '네 것', '그의 것'과 '그의 것이 아닌 것'으로 갈라져 있기 때문인 것 같네. 개인을 예로 들어보면 더 확연하게 이해할 수 있지. 누군가 손가락을 다쳤다면 손가락뿐만 아니라 그의 몸 전체가 통증을 느끼네. 쾌락을 느낄 때도 마찬가지고.

글라우콘 그렇습니다. 잘 통치되는 국가라면 그러한 혼연일체가 이루어질 겁니다.

소크라테스 그렇다면 다시 우리의 국가로 돌아와 생각해 보세. 우리가 세운 국가에서는 지배자를 수호자라고 부르네. 수호자들끼리는 어떻게 부르나? 수호자를 친구나 동지가 아닌 타인으로 부르거나 남이라 생각하겠는가?

글라우콘 그렇지 않습니다. 모두들 형제 자매나 부모처럼, 혹은 아들이나 딸처럼 생각할 것입니다.

소크라테스 좋은 말이네. 그러나 명목상의 친구나 형제가 아닌 진정한 의미에서 형제나 친구처럼, 부모나 자식처럼 서로 공경하고 받들며 우애롭게 지내야 될 걸세. 그리하여 이러한 친근감이 대대손손 이어져야 할 것으로 보네.

글라우콘 당연합니다. 말로만 가족처럼 지내고 이를 행동으로 옮기지 않는다면 웃음거리밖에 되지 않을 겁니다.

소크라테스 그러니까 우리가 세운 국가에서는 한 개인의 불행이 국가 전체의 불행이 돼야 하네. 행복이나 기쁨, 쾌락, 고통, 슬픔 같은 것들도 마찬가지네. 개인의 이익이나 손실이 국가 전체에 파급된다는 것을 잊어선 안 되기 때문이지. 이에 대해 자네는 어떻게 생각하나?

글라우콘 마땅히 그래야 한다고 생각합니다.

소크라테스 아내와 어린아이들을 공유하는 문제도 이러한 관점에서 봐야 하네. 이는 사실 국가 건설 초기에 우리가 합의했던 내용, 즉 수호자가 되려면 어떤 재물도 사사로이 취해서는 안 되며 국가에서 지급하는 보수만으로 살아가야 한다는 것과도 부합하는 얘기들이네. 그러므로 참된 수호자란 이미 말한 그런 것 이외에도 우리가 방금 합의했던 것을 합쳐, 재물은 물론 가족까지도 공동으로 소유해야 하네. 그것이 '내 것'과 '네 것'을 없애고 분열을 막는 길이며, 행복과 불행을 공유하는 길이지. 그렇게 되면 사유재산이 없으므로 쓸데없는 사건이나 소송에 휘말릴 일도 없을 걸세.

글라우콘 그렇겠습니다.

소크라테스 폭력이나 학대처럼 남을 해코지하는 일도 없을 걸세. 동지끼리는 남의 몸을 지키는 것이 내 몸을 지키는 것과 같은 일일 테니까 말이야. 아울러 나이 많은 자들은 나이 어린 아이들을 돌보고, 아이는 어른을 공경하게 될 걸세.

글라우콘 사실입니다.

소크라테스 사소한 말썽도 없을 걸세. 가난한 자가 부자의 눈치를 보거나 생활고에 시달려 스스로를 비참하게 만드는 일도 생기지 않겠지.

글라우콘 그럴 것입니다.

소크라테스 그렇게 되면 올림픽 경기에서 우승한 것보다도 더 큰 기쁨을 누릴 수 있을 걸세. 사실 올림픽에서의 우승은 우리 국민들이 누릴 행복에 비하면 터무니없이 작은 것이지. 올림픽에서의 우승은 개인의 영광에 머물지만 우리의 평화가 부여한 기쁨이나 행복은 국가 전체에 미치는 것이며 자손 대대로 이어질 것이기 때문이네. 그런데 자네 기억하나? 누군가 수호자들은 시민들에 비해 적게 가져야 하므로 행복하지 못하다고 했는데, 그건 틀린 말이네. 수호자들의 삶은 올림픽 경기의 우승자보다 나으며 제화공이나 농부, 그 밖의 어떤 직종의 사람들보다 훌륭하고 아름답네.

글라우콘 그렇습니다.

소크라테스 그럼 자네는 공동 소유와 공동 생활의 이점에 대해 동의한단 말이지? 함께 교육 받고 함께 싸우며 함께 소유한다는 것에 대해 말이네. 또한 남자와 여자의 본성이 같으며 더불어 교육 받고 더불어 공존해야 한다는 것에 대해서도.

글라우콘 물론입니다.

소크라테스 이제 남은 문제는 이와 같은 공동체 운영이 가능한가 하는 것이네. 동물들의 경우와 마찬가지로 인간들도 그러한 삶이 가능한지, 가능하다면 어떤 식으로 가능한지 말이야.

　　여기서 소크라테스는 태도를 바꿔, 전쟁에 대한 논의로 화제를 이끌어 나간다. 전쟁에 대비한 교육을 어렸을 때부터 해야 한다는 것과 싸움터에서 병사들이 취해야 할 태도에 대해 언급한다. 싸울 때 겁을 먹지 않아야 한다는 것과 포로가 됐을 때,

혹은 포로를 잡았을 때의 적절한 행동방침에 대해 논하고, 싸움터에서 용감했거나 공을 세운 자에 대한 대우와 포상에 대해 얘기한다. 또 싸우다 죽은 전몰자에 대한 예우와 장례의 의미에 대해 언급한다. 아울러 패망한 적국의 병사들을 노예로 삼아야 할 것인지 말아야 것인지, 약탈의 범위를 어느 정도까지 인정하고 제한할 것인지, 그것의 탐욕스러움과 야만성에 대해 언급한다. 또 동족끼리의 전쟁이 갖는 의미에 대해서도 깊이 파고든다. 동족간의 싸움은 내란의 일종이므로 언젠가 있을 화의를 염두에 두고 싸워야 한다고 주장하는 대목에서, 그리스인은 한 형제이며 같은 민족이므로 '조국의 영토 내에서는 땅을 빼앗거나 집을 불사르는 일 등은 법령을 정해서라도 금지해야 한다'고 강조한다. 또 적국이라 하더라도 소수의 전쟁 책임자를 제외한 일반 국민들 대다수는 친구로 대해주어야 한다는 것을 끝으로, 본래의 화제로 돌아온다. 본론을 환기시키듯이, 글라우콘이 말한다.

이상국가는 철학자가 다스리는 국가이다

글라우콘 선생님의 얘기를 듣고 있다가는 우리들의 숙제를 다 못할 것 같습니다. 아까 선생님께서도 얘기했듯이, 모든 것을 공유하는 국가 건설이 현실적으로 가능한 것인지, 가능하다면 어떤 식으로 가능한지, 그쪽으로 화제를 집중했으면 좋겠습니다.

소크라테스 자넨 내 이야기 방식이 마음에 들지 않는 모양이군. 나를 또 몰아세우니 말일세. 가까스로 두 개의 파도를 넘었다고 생각했는데, 자넨 다시 엄청난 파도를, 앞의 것들보다 훨씬 더 크고 거친 파도를 몰고 오는군 그래.

글라우콘 선생님께서 그렇게 변명하시니 저로서는 더욱 달려들 수밖에 없습니다. 그러니 주저마시고 어서 말씀해주십시오.

소크라테스 이보게, 글라우콘! 이제까지 우리는 정의와 불의에 대해, 과연 그것이 무엇이고 어떤 사람이 정의로운 사람인지에 대해 탐구해왔네. 그것을 우리 삶의 본보기로 삼고 우리 자신을 비추어보기 위해서였지. 그들의 삶이 행복하다면 우리의 삶 역시 행복할 수 있을 것이라는 예감을 축적하면서 말이네. 그러나 그것은 절대적 실존을 염두에 둔 탐구는 아니었네. 그것이 실제로 실현 가능한 것인지를 입증하려 했던 것은 아니었단 말이네.

글라우콘 사실 그렇습니다.

소크라테스 예를 들어 어떤 화가가 최선을 다해 그림을 그렸다고 치세. 그는 빈틈없이 완벽하고 아름다운 인간상을 그 그림에 구현했네. 이 경우 그 인간상이 실제의 인물은 아니지만, 그렇다고 그 화가의 능력을 폄하할 수 있는 것은 아니지 않는가?

글라우콘 물론입니다.

소크라테스 우리 역시 최선을 다해 이상적인 국가를 그렸다고 볼 수 있지 않겠나? 실제로 통치할 수 없다고 해서, 혹은 그러한 국가 수립의 가능성을 입증할 수 없다고 해서 우리의 노력이 폄하돼서야 되겠는가?

글라우콘 그래선 안 되겠습니다.

소크라테스 그러니 이제껏 논의한 내용들을 실제로 입증해 달라고 강요하지 말게. 그보다는 어떻게 하면 위에서 말한 국가의 수립에 한발 더 다가갈 수 있는지, 그 가능성을 발견할 수 있다면 족한 것 아니겠나? 나는 그걸로도 만족할 수 있겠는데, 자네는 안 그런가?

글라우콘 저 역시 만족합니다.

소크라테스 그럼 이제 다른 것을 생각해보세. 우리의 이상국가 건설을 방해하는 것이 무엇인지, 이상국가의 실현을 위해 어떤 변혁이 있어야 하는지 알아보세. 이런 변혁은 최소화해서, 한 가지 정도의 변혁만으로 이상국가의 가능성을 보여주는 것이 좋을 것 같네. 쉽지는 않겠지만.

글라우콘 어떻게 말입니까?

소크라테스 결국 우리는 최대의 난관에 부딪혔네. 글라우콘! 이상국가란 말일세, 철학자들이 국가를 통치하지 않는 한, 혹은 통치자들이 철학을 공부해 국가를 다스리지 않는 한 실현되기 어려운 것일세. 우리가 지금까지 얘기해온 이러저러한 것들이 햇빛을 볼 수 없다는 말이네. 이런 말은 참으로 입 밖에 꺼내고 싶지 않았지만, 어쩔 수 없었네. 철학자가 국가를 통치하지 않는 한 어떤 방법으로도 이 세상의 행복을 증진시킬 수 없으니 말이야.

글라우콘 지금 무슨 말씀을 하시는 겁니까? 그렇게 말씀하셨으니

각오하셔야 합니다. 세상 사람들이 선생님을 가만 놔두지 않을 테니까요. 그들을 설득하지 못한다면 선생님은 필경 조롱을 당하고말 겁니다.

소크라테스 이렇게 된 게 모두 자네 탓 아닌가?

글라우콘 그렇긴 합니다. 그러나 이건 저로서도 어쩔 수 없었던 일입니다. 하지만 걱정하지는 마십시오. 저는 결코 선생님을 배반하지 않을 테니까, 저를 믿으시고 선생님이 최선을 다해 그들을 설득해주십시오.

소크라테스 어쨌든 그렇게 말해주니 고맙네. 기왕 이렇게 된 것, 죽이 되든 밥이 되든 앞으로 나아가보세. 그들의 공격을 피하려면 철학자가 어떤 사람인지를 분명히 밝혀야겠군. 그런 연후에 철학자가 왜 통치자가 돼야 하는지, 그렇지 않은 사람들이 왜 그것에 복종해야 하는지를 보여주면 될 걸세.

글라우콘 그렇습니다. 지금이야말로 그것을 보여주어야 할 때입니다.

소크라테스 좋아, 잘 듣고 판단하게. 누군가 무엇을 사랑한다면, 그 무엇의 일부만 사랑하는 것이겠는가, 전부를 사랑하는 것이겠는가?

글라우콘 글쎄요. 알쏭달쏭하군요.

소크라테스 그게 무슨 말인가. 자네처럼 민감한 사람이 그걸 모르다니. 그럼 들어보게. 어떤 사람이 다른 사람을 사랑한다면, 그 다른 사람의 코가 좀 낮아도 귀엽다고 칭찬할 걸세. 그 사람의 코가 매부리코라도 카리스마가 있다고 칭찬할 걸세. 희면 흰 대로 검으면 검은 대로 그 사람을 놓치지 않기 위해 온갖 애를 쓰겠지. 그렇지 않은가?

글라우콘 그건 그렇습니다.

소크라테스 술을 좋아하는 사람만 봐도 그건 알 수 있네. 그는 온갖 구실을 붙여 술을 마시고자 최선을 다하네. 안타까울 정도로 말이야. 명예욕에 빠진 사람도 그렇고 권력욕에 빠진 사람도 그렇네.

글라우콘 사실입니다.

소크라테스 애주가가 술을 사랑하듯, 철학자란 지혜를 사랑하는 사람이네, 글라우콘! 그렇다면 지혜를 사랑하는 철학자가 어떤 지혜는 사랑하고 어떤 지혜는 사랑하지 않겠나? 지혜의 일부만 요구할까? 모든 지혜를 요구한다고 봐야겠지?

글라우콘 그렇습니다.

소크라테스 그러므로 이것저것 가려가며 지식을 습득하는 자를 우리는 철학자로 볼 수 없네. 마음에 들면 먹고 마음에 들지 않으면 먹지 않는 편식쟁이에 지나지 않지. 어떤 학문이든 가리지 않고 맛보고 싶어하는 자, 이런 자가 지혜를 사랑하는 사람이고 진정한 철학자네.

글라우콘 말씀대로라면 많은 사람들을 철학자로 불러야 할 텐데요? 구경을 좋아하는 사람도 뭔가에 기쁨을 느껴 구경하는 것이고, 듣기 좋아하는 사람도 그것에 기쁨을 느껴서 듣고, 또 배우고자 하니까요. 이런 사람들도 지혜를 사랑하는 자라고 봐야 하지 않을까요?

소크라테스 그렇지 않네. 그들은 단지 철학자를 닮았을 뿐이네.

글라우콘 그렇다면 참된 철학자란 어떤 사람입니까?

소크라테스 진리를 사랑하는 사람이지.

글라우콘 구체적으로 이해가 안 되는데요?

소크라테스 글라우콘, 이를 잘 설명하기란 쉽지 않네. 하지만 자네는 이해할 거라고 믿네. 가령 아름다움과 추함은 서로 다른 두 가지라네. 그렇지?

글라우콘 그렇습니다.

소크라테스 각각은 하나겠고?

글라우콘 물론입니다.

소크라테스 정의나 불의, 선이나 악 등 모든 이데아idea[17]들도 마찬가지네. 그 자체는 하나이지만 연관된 행위나 물체와 결합해 여러 가지로 보일 뿐이지.

글라우콘 옳은 말씀입니다.

소크라테스 이러한 관점에서 나는 철학자와 다른 사람들을 구분하고 싶네. 그러니까 구경을 좋아하는 사람이나 어떤 기예를 좋아하는 사람들을 한쪽에 놓고, 다른 한쪽에 우리 같은 사람들을 구분해 놓

---

17) 형상形相이나 실재實在를 뜻하는 플라톤 철학의 기본 개념으로 동사 이데인idein(보다, 알다)에서 파생됐다. 본래는 보이는 것의 모양이나 모습을 의미했으나 플라톤 철학에서는 영혼의 눈으로 볼 수 있는 형상을 말한다. 따라서 그것은 보이지 않는 것eidos이며, 감각으로 지각할 수 있는 사물과는 구별된다. 오로지 지성으로서만 파악할 수 있는 영원불변한 참모습이 이데아이다. 흔히 '올바름의 이데아'나 '아름다움의 이데아'처럼 말하는데, 대개의 경우 '자체'라는 말을 붙여 '올바름 자체' 혹은 '아름다움 자체'라고 표현한다. 《국가론》에서 이 이데아는 소크라테스 특유의 문답 형식에 의지한 '모르는 것을 아는' 무지의 자각에 힘입어 곳곳에서 그 실체를 드러낸다.

자 이 말이네.

글라우콘 그런 다음에요?

소크라테스 구경하길 좋아하는 사람들이나 듣기를 좋아하는 사람들은 아름다운 색상이나 모양, 소리들에 몰입할지 모르지만, 그들의 사유는 아름다움 자체의 본성을 보거나 파악할 수 없다는 말이네.

글라우콘 그건 사실입니다.

소크라테스 그러니까 아름다움 자체를 파악하고 이해하는 사람들은 매우 적네.

글라우콘 그렇습니다.

소크라테스 아름답게 생겼다는 것은 인정하고 믿으면서, 아름답게 생긴 것 '자체'는 믿지 못하는 사람, 그리하여 아름다움 자체를 인식하도록 이끌어도 따라오지 못하는 사람을 깨어 있다고 볼 수 있을까?

글라우콘 몽롱한 상태라고 봐야겠습니다.

소크라테스 반대로 아름다움 자체를 이해하고 그와 관련된 문제들을 파악할 줄 아는 사람은 깨어 있는 사람이라고 봐야겠지?

글라우콘 당연히 그렇습니다.

소크라테스 그렇다면 깨어 있는 자는 지식(인식)을 갖고 있지만, 몽롱한 자, 아는 척하는 자는 의견(판단)만을 갖고 있다고 말할 수 있지 않겠나?

글라우콘 그렇습니다.

소크라테스 지식 없이 아는 척하는 자, 의견만 갖고 있는 그런 자와 말싸움을 하고 있다고 가정해보세. 자네라면 어떻게 그를 설득할 수 있겠나? 그 사람의 심기를 상하게 하지 않으면서 말일세.

글라우콘 글쎄요.

소크라테스 그 사람에게 우리는 이렇게 질문하기로 하세. 이에 대한 답은 자네가 대신 해주게. '지식을 가진 사람은 무엇인가를 아는 사람인가, 모르는 사람인가?'

글라우콘 아는 사람입니다.

소크라테스 무엇인가의 '무엇'은 존재하는 것이겠지?

글라우콘 당연합니다. 그렇지 않으면 알 수가 없을 테니까요.

소크라테스 그러니까 우리가 안다는 것은 존재하는 무엇이 있기 때문이네. 즉 존재하는 것은 인식할 수 있지만 존재하지 않는 것은 인식할 수 없네. 그런데 글라우콘, 존재와 비존재 사이에 어떤 것이 있다면, 그 어떤 것은 존재와 비존재 사이의 중간에 있다고 보아 무리가 없겠지?

글라우콘 그렇습니다.

소크라테스 정리하자면, 지식은 있는 것(존재)과 관계돼 있고 무지는 없는 것(비존재)과 관계돼 있네. 그러므로 그 중간의 어떤 것은 지식과 무지 사이에 있는 '어떤 것'이 아니겠나?

글라우콘 그렇게 볼 수 있습니다.

소크라테스 자네는 의견의 실체를 인정하나?

글라우콘 인정합니다.

소크라테스 그것은 지식과 같은 능력일까? 아니면 다른 능력일까?

글라우콘 다른 능력입니다.

소크라테스 그렇다면 그것들은 서로 다른 것과 관련 있다고 봐야지?

글라우콘 그렇습니다.

소크라테스 여기서 잠시 '능력'에 대해 검토하고 가세. 우리는 시각이나 청각을 하나의 능력으로 보지?

글라우콘 그렇습니다.

소크라테스 능력은 사물과 달라서 색깔이나 형태라는 게 없네. 능력은 무엇인가 대상을 가졌을 때, 그것에 대해 어느 정도 감당할 수 있느냐에 대해서만 문제 삼을 수밖에 없지. 따라서 같은 대상에 같은 성과를 초래하는 것을 능력이라 한다면, 다른 대상에 다른 성과를 초래하는 것은 다른 능력이라 해야겠네. 안 그런가?

글라우콘 이의 없습니다.

소크라테스 좋네. 다시 처음으로 돌아가보세. 자네는 지식을 능력의 일종으로 보는가?

글라우콘 그렇습니다. 그것도 강력한 힘을 지닌 능력이라고 봅니다.

소크라테스 그럼 의견은? 이것도 능력의 일종인가?

글라우콘 물론입니다. 그것이 없으면 생각을 형성할 수 없을 테니까요.

소크라테스 둘 다 능력이긴 하지만 서로 다른 능력이라고 봐야지?

글라우콘 그렇습니다. 서로 다른 능력입니다.

소크라테스 지식과 의견이 다르다는 데 우리는 합의했네. 그럼 이 둘은 서로 다른 능력을 갖고 있으므로 서로 다른 것과 연관돼 있다고 봐야겠군?

글라우콘 그래야겠습니다.

소크라테스 지식은 존재를 대상으로 한다고 아까 우리는 얘기했네. 그렇다면 의견은 무엇을 대상으로 하는 것일까? 그것도 존재를 대상으로 삼나? 즉 아는 것(앎, 지식)과 생각하는 것(의견)이 같은가 이 말이네.

글라우콘 서로 다르다는 것이 이미 증명됐으니 새삼 말할 것도 없겠습니다. 그 능력이 서로 다르므로 그 대상 또한 서로 다르겠지요.

소크라테스 좋네. 말한 대로네. 그런데 말일세, 의견이 존재를 대상으로 삼지 않는다면, 그것이 어떻게 가능할까? 존재하지 않는 것에 대해 어떻게 의견을 가질 수 있다는 건가?

글라우콘 그럴 수는 없습니다.

소크라테스 존재하지 않는 것은 무지와 연관돼 있다고 우리는 말했었네. 무지는 당연히 의견의 대상이 될 수 없으니, 그렇다면 의견의 대상은 존재와 비존재 사이에 있는 어떤 것이라는 결론이 나오는군.

글라우콘 그렇습니다.

소크라테스 결국 의견이란 어떤 쪽에서 바라보느냐 하는 관점의 문제인 것 같네. 가령 아름다움에 관해서 다시 생각해보세. 아름다움 자체를 인정하지 않는 어떤 사람이 있네. 아름다움 자체에 있는 불변의 실재(이데아)에 무지하므로 그는 자신의 눈에 보이는 색깔이나 형태에 한해서만 미·추를 판단하네.

그에게 묻기를, '당신이 생각하는 아름다운 것 중에 조금의 추함도 없이 완벽하게 아름다운 것이 있는가?' 그러면 어떤 답이 나올까? 자네라면 어떻겠나?

글라우콘 그런 것은 있을 수 없습니다. 제아무리 아름답다는 것도 관점에 따라서는 추하게 보일 것입니다. 다른 모든 것들 역시 그럴 것입니다.

소크라테스 이제 우리는 아름다움이나 그 밖의 여러 가지 것들에 대한 의견이, '존재하는 것(이데아)'과 '존재하지 않는 것' 사이의 어떤 지점에서 맴돌고 있다는 것을 알았네.

글라우콘 그렇습니다.

소크라테스 그러므로 아름다움 자체, 올바름 자체를 보지 못하는 사람들을 가리켜 의견은 있으되 지식은 없는 사람들이라고 말할 수 있을 걸세. 즉 인식이 없는 사람들이라고 할 수 있지.

글라우콘 그렇습니다.

소크라테스 반면 그 자체가 영구적이고 불변하는 것을 아는 사람들을 가리켜 지식은 있으되 의견은 없는 사람들이라고 해야겠지?

글라우콘 그래야겠습니다.

소크라테스 그러니 한쪽은 지식과 관련된 대상들을 사랑하고, 다른 한쪽은 의견과 관련된 대상들을 사랑한다고 봐야겠네. 아름다운 소리나 색깔에 현혹되지만 아름다움 자체는 알지 못하는 그런 사람들이 의견을 사랑하는 사람들이지. 이렇게 말하면 그들이 화를 낼까?

글라우콘 그럴 리야 있겠습니까? 진실을 말하는 사람에게 화를 내는 것은 부끄러운 일일 테니까요.

소크라테스 그러나 지식을 사랑하는 사람들은 존재 자체를 중시하며 지혜를 사랑하는 사람들이라 불러야겠지. 철학자란 그런 사람들을 말하는 걸세.

글라우콘 옳은 말씀입니다.

제6권

철학자와 통치자

철학자들이 해야 할 일이 있네. 참된 인간상의 모습을 그려 아름다움이 무엇이고 선이 무엇인지를 가르쳐주어야 하네. 그리하여 철학자들이 실재와 진리를 사랑하는 사람들이라는 것을 보여주어야 하네. 그렇게 되면 철학자가 국가를 지배해야 한다는 주장에 대해 필요 이상으로 과민반응을 보이는 일도 없어질 걸세.

훌륭한 국가를 만들기 위해서는 훌륭한 통치자가 나와야 한다. 훌륭한 통치자란 누구인가? 지혜를 사랑하는 사람, 즉 철학자다. 그러니까 훌륭한 국가를 만들려면 철학자가 통치하거나, 통치하는 자가 지혜를 사랑해야 한다. 그런데 지혜를 사랑한다는 것은 어떤 것인가. 긴 논의를 통해 이에 대한 해답을 얻은 소크라테스는, 연이어 이상적인 국가의 지도자상에 대해 탐구한다. 소크라테스는 말한다.

철학자가 국가를 다스려야 하는 이유: 철학자의 자질

소크라테스 이제야 우리는 철학자와 철학자가 아닌 사람을 밝혀냈네.
글라우콘 다음에 논의할 것은 무엇입니까?

소크라테스 철학자란 불변의 것을 파악하며 지혜를 사랑하는 데 반해, 그렇지 못한 사람은 잡다한 변화에 시달리는 사람이라고 얘기했네. 과연 어느 쪽이 국가를 이끌어가는 게 바람직한지, 그것을 살펴볼 차례네.

글라우콘 어떻게 살펴봐야 할는지요?

소크라테스 어느 쪽이든 국가의 법률과 제도를 잘 수호할 수 있는 사람들을 수호자로 임명하면 되겠지.

글라우콘 그래야겠지요.

소크라테스 우선, 수호자라면 할 일이 많을 걸세. 그런 수호자가 장님처럼 보는 눈이 어두워서는 안 되겠지. 날카롭게 보는 자여야겠지?

글라우콘 당연히 날카로운 눈을 가져야 합니다.

소크라테스 눈먼 사람들은 참된 실재[18]를 인식하지 못해 정신에 뚜렷한 본보기 하나 지니지 못한 사람들이네. 이런 사람을 수호자로 임명해선 안 되겠지. 반면 눈이 밝은 사람은 각각의 참된 실재를 인식하면서 경험과 덕성도 풍부하지. 이런 사람을 수호자로 임명해야 되지 않겠나?

글라우콘 당연히 그런 사람을 수호자로 임명해야 합니다. 그런 사람들은 남들이 보지 못하는 것도 볼 줄 아는 사람들이니까요.

소크라테스 좋네. 그럼 우선 철학자의 자질을 제대로 알아야겠네. 그래서 철학자의 자질에 대한 견해가 일치하면 그를 국가의 지도자

---

18) 존재하는 것 자체.

로서 자격을 갖춘 사람으로 인정하도록 하지.

글라우콘 좋습니다. 그렇다면 철학자의 자질을 갖춘 사람은 어떤 사람들입니까?

소크라테스 생성과 소멸을 뛰어넘어 존재의 본질에 대해 탐구하길 좋아하는 사람이어야 하네. 또한 허위보다는 진리를 사랑할 수 있어야 하지.

글라우콘 당연합니다.

소크라테스 한데 인간은 자신의 정력을 한 곳에 쏟아부으면 다른 욕망은 시들해지게 마련이네. 그래서 학문이나 그와 유사한 정신적 쾌락에 젖어 있는 사람은 육체적 쾌락에 흥미를 못 느끼게 되지. 진정한 철학자라면 그렇네.

글라우콘 그렇겠지요.

소크라테스 따라서 그런 사람은 절제가 있고 재물을 탐내지 않지. 돈벌이엔 관심이 없으니까 말이네.

글라우콘 그렇습니다.

소크라테스 지혜로우니 구두쇠 근성도 없거니와 도량도 넓네. 세상 만물의 궁극을 탐구하는 자가 사사로운 삶에 연연할 리는 없잖은가? 그런 사람은 죽음도 두려워하지 않네.

글라우콘 두려워하지 않을 겁니다.

소크라테스 조화로운 인격을 지니고 있어 천박하거나 허풍을 떨지도 않네. 비겁하지도 않지. 성품이 고매해서 배움이 빠르며 기억력도 좋네. 머리가 나쁘고 잘 잊어먹으면 철학을 할 수 없지 않은가?

글라우콘 사실 그렇습니다.

소크라테스 또한 균형 감각이 있어야 하네. 진리란 균형 잡힌 정신 속에서 더 잘 발견되는 것이니까.

글라우콘 그렇습니다.

소크라테스 이 모든 자질들은 서로 결합돼 있어야 하고, 그래야만 실재를 보는 밝은 눈을 가질 수 있을 걸세.

글라우콘 맞습니다.

소크라테스 이와 같은 사람이 올바른 교육을 통해 경험과 덕성을 갖추었을 때, 우리는 그에게 국가를 맡겨도 좋을 걸세.

이때 아데이만토스가 끼어들어 토론을 지켜본 자신의 생각을 피력하며, '선생님과 문답을 주고받다 보면 자신도 모르는 사이에 정반대의 입장에 서게 된다'고 말한다. 그것은 마치 바둑의 고수와 벌이는 시합과도 같아서, 손 따라 두다 보면 자신도 모르게 지고 만다는 것이다. 그러므로 일일이 반박할 수는 없지만, 사실은 그와 다르다고 여길 사람들이 분명히 있을 것이라며 철학자들이 쓸모없는 사람들로 취급되는 현실에 대해 말한다. 소크라테스는 아데이만토스의 지적에 수긍하지만, 그건 철학자들에게 문제가 있어서라기보다는 철학자를 운용하는 사회에 문제가 있어 그렇다고 주장한다. 그러면서 이러한 현실을 항해술에 빗대어 설명한다.

아데이만토스의 지적:
철학자가 쓸모없는 사람으로 취급되는 현실

소크라테스 자, 여기 배가 한 척 있다고 치세. 선장은 선원들보다 키가 크고 힘도 세지만 나이가 연로하여 귀먹고 눈도 잘 보이지 않네. 항해에 대한 지식도 변변치 않네. 선원들은 서로 키를 잡겠다고 다투지만 그들 또한 항해술에 별다른 지식이 없지. 지식이 없으므로, 본래 무지한 자들이 그렇듯 누군가 항해술을 배워야 한다고 주장하면 그를 잡아먹을 듯 기세가 등등하네. 간혹 선주가 다른 사람의 말에 귀 기울이면서 자신의 요구대로 응하지 않을 듯하면 그 다른 사람을 처치해버리거나 선주를 협박하기도 하네. 그런 식으로 배를 장악하고 자기 욕심껏 배를 불리며 자신을 도와준 수부들을 훌륭하다고 치켜세우기도 하네.

반면 자신의 행동에 반대하고 직언을 서슴지 않았던 사람들은 무능하기 짝이 없는 선원이라는 누명을 씌워 몰아내지. 제대로 항해하려면 계절이나 일기, 천체, 바람 그 밖의 다양한 기술에 대해 알고 연구해야 함에도 그들은 이를 모르네. 알려고도 하지 않지. 대신 진짜 항해술을 가진 사람들을 가리켜서는 '별을 따려는 허무맹랑한 사람'이라는 둥, '쓸데없이 토론에만 열중하는 얼간이'라는 둥 매도하지. 어떤가? 이 비유가 참된 철학자의 처지를 잘 대변해주고 있다고 생각하지 않나?

아데이만토스 그렇군요. 일리 있습니다.

소크라테스 그렇다면 사람들에게 이 비유를 들려주고 철학자들이 왜 국가에서 존경받지 못하는지 설명해주게.

아데이만토스 그래야겠습니다.

소크라테스 그렇게 된 것은 철학자들 자신의 잘못이 아니라 그들을 등용해 쓰지 않는 위정자들 탓이라는 점도 아울러 밝혀주게. 항해사가 자신이 지휘해보겠노라고 선원들에게 간청할 수는 없는 노릇 아닌가? 이는 현자가 부잣집의 문을 두드리는 것처럼 이상한 일이네. 부자든 가난한 자든 병이 나면 의사를 찾아야 하듯, 지배 받기를 원한다면 지배할 능력이 있는 사람을 찾아나서야 하는 걸세. 소위 국가를 다스린다는 지배자들의 대부분은 방금 예로 든 선원들과 비슷하고, 쓸데없이 별이나 따려 한다고 비난받는 사람들은 참된 항해사와 같다네.

아데이만토스 사실입니다.

소크라테스 이런 현실에서 대다수 일반인에게 철학이 좋은 평가를 받기란 참으로 어렵네. 그러나 철학에 대한 최대의 악평은 철학을 반대하는 사람들에 의해 행해지는 것이 아니고 이른바 철학자라는 사람들에 의해 행해지고 있다는 데 문제의 심각성이 있네. 그들은 대부분 협잡배에다 고약한 자들이므로 철학자들이 더욱 비난을 받네.

아데이만토스 그렇습니다.

소크라테스 참된 철학자라면 진심으로 배우기를 즐겨해서, 진리 탐구를 위한 일이라면 최대의 노력을 기울여야 하네. 그래서 사물의 본성을 파악할 수 있을 때까지 외곬로 파고들고 집중해야 하지.

아데이만토스 지당하신 말씀입니다.

소크라테스 앞서 우리는 철학자의 자질에 대해 말했었지? 그런데 대부분의 철학자들은, 실제는 그렇지 않음에도 자신이 마치 상당한 철학적 자질을 타고난 양 행세하고 있네. 그러나 우리가 제시한 자질을 완벽하게 구비하기란 참으로 어려워, 소수의 사람들만 가지고 있지.

아데이만토스 사실입니다.

소크라테스 그런데 아데이만토스, 이러한 철학적 자질도 곧잘 시들어버리네. 그래서 역설적으로, 어떤 사람에겐 그 자질들이 타락의 길로 이끄는 원인이 되기도 한다네.

아데이만토스 그것 참 이상하군요.

소크라테스 칭찬받아 마땅한 그들 자신의 미덕, 예를 들어 용기나 절제는 물론 일상에서 발견할 수 있는 아름다움이나 부, 권력, 지위 같은 것들이 그들을 타락으로 이끈다네.

아데이만토스 알 듯도 합니다만, 좀더 설명해주십시오.

소크라테스 전체의 관점에서 파악해보면 그리 어려울 것도 없네. 식물이든 동물이든 제대로 성장하려면 적절한 양분이나 기후, 토양 등이 구비돼 있어야 한다는 것을 생각해보게. 즉 환경이 중요하단 말이네. 그런데 우수한 종자는 열악한 환경에 보다 더 민감하네. 아울러 악이라는 것은 같은 악에 대해서보다는 선한 것에 대해 더 큰 적대관계를 형성하거든.

아데이만토스 사실입니다.

소크라테스 그러므로 최선의 자질을 타고난 사람들은 그렇지 않은 사람들보다 양육조건에 더 민감한 걸세. 철학자들도 이와 같아서, 최선의 자질을 타고 난 자들이 교육을 잘못 받으면 더욱 고약해지지. 무릇 큰 범죄는 이런 사람들이 저지르는 법일세. 선이든 악이든 나약한 성격의 소유자들에겐 요원한 일이지.

아데이만토스 옳은 말씀입니다.

소크라테스 우리의 철학자들도 이러한 전철을 밟아나가는 것이네. 적절한 양분과 토양 아래에서라면 훌륭히 자라나겠지만 그렇지 못할 경우 성정이 고약해져서 쓸모없는 잡초처럼 되고 말지. 흔히 소피스트들이 젊은이들을 타락시킨다고 말하는데 일리 있는 지적일세. 대중들을 등에 업은 소피스트들과 휩쓸려 다니다보면 자신의 본성을 놓칠 수밖에 없네. 가령 의회나 법정, 극장, 병영 같은 곳에서 벌어지는 대중들의 치기어린 언행들, 큰소리로 찬양하고 혹은 비난하는 상황에 맞닥뜨리면 어떤 젊은이건 그 물결을 거스르기 어렵지. 개인적으로 받은 훈련이나 소양은 온데간데없이 사라지고, 선악에 관한 대중들의 생각에 물들어 그들처럼 사고하고 행동할 수밖에 없게 되네.

아데이만토스 사실 그렇습니다.

소크라테스 더욱 가관인 것은 대중들을 등에 업은 소피스트들, 혹은 교육가들이 상대를 말로 설득할 수 없을 때 가하는 폭력일세. 그들은 자신의 말을 듣지 않으면 시민권을 박탈하거나 재산을 몰수하기도 하고, 심지어는 사형에 처하기까지 하니 말이네.

아데이만토스 과연 그렇습니다.

소크라테스 어떤 개인도 이러한 것들을 극복하기란 불가능하네. 혹여 그런 사람이 있다면 그것은 신의 섭리라고 말해야 할 정도지. 그런데 하나 더 짚고 넘어가야 할 것이 있네.

아데이만토스 무엇입니까?

소크라테스 돈을 받고 지식을 가르친다는 소피스트들 말이네. 그들이 가르치는 것은 대중들의 의견 외에 아무것도 없네. 즉 대중들의 통념이 그들이 말하는 바 지혜라는 것이지. 이는 동물을 기르는 상황과 비슷해서, 어떻게 하면 그 동물이 난폭해지고 어떻게 하면 유순해지는지를 알고 대처하는 것과 같지. 그래서 그 기술을 지혜라고 선전하며 남에게 가르친다네. 본래 가르쳐야 할 것들의 본성들, 아름다움이 무엇이고 추한 것이 무엇인지, 선하고 악한 것, 옳은 것과 그른 것에 대해 그들은 아무런 지식도 없고 알려고 하지도 않네. 그저 동물이 좋아하는 것을 선이라고 부르며 싫어하는 것을 악이라고 부르는 정도지. 한마디로 함량미달의 소피스트들이 교육가임을 자처하고 있으니 묘한 일이 아닌가?

아데이만토스 참으로 묘한 일입니다.

소크라테스 이러한 일은 예술작품을 논하거나 정치적인 일을 논함에 있어서도 똑같이 벌어지고 있네. 대중들의 기질과 선호도를 아는 것이 지혜여서 항상 다수자의 권위에 지배되지. 그러나 다수자인 대중들이 과연, 앞서 우리가 얘기했던 아름다움 자체나 그 밖의 존재하는 것 자체를 이해하리라고 생각하나?

아데이만토스 그럴 리가 없습니다.

소크라테스 결국 대중들은 철학자가 될 수 없네. 그렇지?

아데이만토스 그렇습니다.

소크라테스 그러니 철학자가 대중들의 비난을 받는 것은 당연한 일이네. 아울러 대중들과 영합하는 교육자들의 비난 또한 면할 길이 없지.

아데이만토스 그렇습니다.

소크라테스 그렇다면 철학자가 자신의 본성을 유지할 수는 없다는 말인가? 앞서 했던 얘기를 상기해보게. 철학자의 자질을 논하면서 우리는 기억력도 좋고 용감해야 하며 도량도 넓어야 한다는 등의 얘기를 했었지?

아데이만토스 그렇습니다.

소크라테스 이렇듯 철학자의 자질을 타고난 자라면 어려서부터 남다른 두각을 나타낼 걸세. 체력까지 우수하면 더욱 그럴 거고. 그렇다면 주위에서 다들 경이의 눈초리로 그를 바라보겠지. 장차 국가에 큰 인물이 될 사람으로 말이야.

아데이만토스 그렇겠지요.

소크라테스 이런 환경에 익숙한 젊은이라면 그는 점점 자신의 힘과 능력을 과신하게 되지. 게다가 집안 배경도 좋고 부유하다면, 그의 야망은 불타올라 지성을 제압하고 자존심에 가득 차 교만한 인간이 되리라는 것은 너무 뻔하지 않은가?

아데이만토스 그렇게 될 겁니다.

소크라테스 그를 향해 누군가 충고하고 진실을 가르치려 한다면 어떻게 되겠나? 참된 지혜를 습득하는 일이 고난에 찬 행군이라는 것을 가르친다면 그의 말을 듣겠는가?

아데이만토스 어렵겠지요.

소크라테스 설령 그 충고를 받아들여 철학에 눈뜨려는 태도를 보였다고 치세. 그때는 주위 사람들이 그를 놔두겠나? 놔두었다간 그 젊은이가 자신들의 이익에 반하는 인물로 크리라는 것을 알고 어떻게든 그 충고에 설득당하지 않도록 훼방할 것이네. 또 충언하는 사람을 시기하고 모함하는 등 그를 끌어내리려 하지 않겠나?

아데이만토스 그럴 겁니다.

소크라테스 환경이 이렇다면, 철학을 공부하기란 불가능한 일이네. 아무리 뛰어난 자질을 타고 났어도 꽃피우기가 어렵지. 자칫 잘못하면 그 우수한 자질이 그릇된 길로 이끌려 국가에 큰 해를 끼치는 인물로 성장하기 십상이지. 이리하여 철학은 고독하게 되고, 겉멋만 부리는 온갖 약삭빠른 자들의 전유물이 되곤 한다네. 대중들에게 있어 철학은 그래도 매력적인 일이며 위엄을 간직하고 있으니까. 철학이 이런 자들의 품 안에 갇혀 있는 한 참된 가치, 진정한 지혜를 발견하기란 더욱 어려워지고 대중들의 귀에 솔깃한 궤변들만 난무하게 되지.

아데이만토스 그렇습니다.

소크라테스 그러니, 아데이만토스! 진정한 철학자란 소수에 그칠 수밖에 없네. 오늘날 그들은 정치를 멀리 하고 오로지 철학의 즐거움 속에서만 위안을 찾네. 정의를 지키기 위해 싸우고 싶어도 뜻을 같이할 동지조차 없으니, 홀로 조용히 자신의 몸 하나만이라도 지켜 악의 광풍에 휩쓸리지 않는 것이 상책이라네. 그러다 이 세상을 하직하면 그만이지.

아데이만토스 그러나 그는 세상을 떠나기 전에 뭔가 큰일을 해놓고 갈 것입니다.

소크라테스 큰일이라, 그러나 국가가 그를 도와주지 않으면 그럴 가능성은 없지. 국가가 제도적으로 그를 뒷받침해주지 않으면 말이네.

아데이만토스 그렇다면 철학적 자질을 계발하는 데 적합한 국가가 있다면, 현재의 어떤 제도가 그것에 해당된다고 보십니까?

소크라테스 유감스럽지만 하나도 없네. 그게 내 불만이지. 그리하여 모든 자질들은 비틀리고 변질돼버렸네. 맞지 않는 토양에 씨앗이 뿌려진 것처럼 말이야. 하지만 적절한 토양에 부합하는 여건만 마련된다면 철학의 나무는 무성히 자랄 걸세. 현재와 같은 여건에서는 젊어 한때 철학에 뜻을 세웠던 사람들도, 나이 들어 먹고 살 만하게 되면 철학을 떠날 수밖에 없는 실정이네. 그래서 노년이 되면 극히 적은 사람들만 제외하곤 철학에 대한 열정이 다 식어버리지.

아데이만토스 그럼 어떻게 해야 되겠습니까?

소크라테스 정반대로 해야 하네. 청소년기에는 그 나이에 어울릴 만한 철학으로 심신을 수련하게 하되 나이가 들면서는 지적 훈련을 강화해야 하네. 그 다음 체력이 떨어져 정치나 병역의 의무가 면제될

때쯤 해서는 자유로운 몸과 마음으로 철학에만 전념하도록 해야 하네. 그것이 이 세상에서나 저세상에서나 행복하게 살 수 있도록 하는 길이지.

아데이만토스 옳은 말씀입니다. 하지만 대부분의 사람들은 선생님의 주장을 들은 척도 하지 않을 겁니다.

소크라테스 대중들을 너무 나쁘게만 보지는 말게. 그들에게도 기회를 줘야 하네. 학문에 대한 오해와 편견을 풀어주면 그들도 바른 심성으로 철학을 이해할 걸세. 많은 사람들이 철학을 멸시하는 것은, 자신의 천품과 상관없이 철학을 합네 하고 으스대는 일부 사이비 철학자들 때문이네. 참된 철학자라면 속세에 집착할 일도 없거니와 그런 문제로 시비에 빠질 여유도 없을 걸세.

아데이만토스 그럴 테지요.

소크라테스 그러므로 철학자들이 해야 할 일이 있네. 참된 인간상의 모습을 그려 아름다움이 무엇이고 선이 무엇인지를 가르쳐주어야 하네. 그리하여 철학자들이 실재와 진리를 사랑하는 사람들이라는 것을 보여주어야 하네. 그렇게 되면 철학자가 국가를 지배해야 한다는 주장에 대해 필요 이상으로 과민반응을 보이는 일도 없어질 걸세. 아마 쑥스러워서도 우리의 주장에 동조할 걸세.

아데이만토스 그렇겠군요.

철학자에게 필요한 최고의 학문: 선의 이데아

소크라테스 이제 나머지 문제를 살펴보세. 수호자들을 어떻게 가려내서 양성하고 교육해야 하는지 말이야.

아데이만토스 좋습니다.

소크라테스 자네는 기억하고 있는지 모르지만, 수호자들이란 쾌락이나 고통에 흔들림 없이 국가를 사랑해야 하고, 어떤 위기에서도 애국심을 저버려서는 안 된다고 말했었지. 그래서 마치 담금질을 거친 금처럼, 지배자의 지위에 올라 살아서나 죽어서나 명예와 보상을 받게 된다고 말이네.

아데이만토스 기억하고 있습니다.

소크라테스 그렇다면, 엄밀한 의미에서 가장 훌륭한 수호자는 철학자여야 하네.

아데이만토스 인정합니다.

소크라테스 그러한 철학자들은 몇 안 될 걸세. 우리가 꼽은 자질들을 모두 갖춘 사람이 나타나기란 매우 드물기 때문이지. 이해력이 좋고 기억력이 뛰어나며, 총명하고 예민한 성향들이 한꺼번에 자라나기란 어렵네. 게다가 용감함과 도량 넓은 자질까지 갖춘 사람은 생활을 질서 있고 규모 있게 꾸려가기 어렵네.

아데이만토스 그렇습니다.

소크라테스 반면에 견실한 성품의 사람들은 침착하고 안정감 있어 전쟁이나 배움의 장에 있어서 믿음직스런 태도를 보이지.

아데이만토스 사실입니다.

소크라테스 무릇 통치자의 반열에 오르려면 이 두 성향을 고루 갖추어야 하네. 그렇지 못한 사람에게 국가의 운명을 맡겨서는 안 되네.

아데이만토스 그렇습니다.

소크라테스 그런데 이와 같은 사람을 찾아내기란 참으로 어려운 일 아니겠는가?

아데이만토스 진짜 어렵겠습니다.

소크라테스 그러므로 우리는 여러 가지 시험을 해야 하네. 앞서 말한 자질들을 검토하고 닥쳐올 노고와 위험 앞에서도 굴하지 않을 정신을 가졌는지 시험해야 하네. 그리고 이것은 좀 다른 얘기지만, 정신적 탐구에 있어서 최고의 학문을 감당해낼 수 있는지 살펴봐야 하네.

아데이만토스 당연히 시험하고 살펴야 합니다. 그런데 최고의 학문이란 무엇인지요?

소크라테스 '선의 이데아'를 말하는 것이네. 이것이야말로 우리가 배워야 할 최고의 학문이네. 이 선의 이데아로 말미암아 모든 것이 유용하고 유익한 것이 되는 걸세. 이를 모른다면 어떤 지식도 무용지물이 될 수밖에 없네.

아데이만토스 그것이 무엇인지요?

소크라테스 사람들은 흔히 쾌락을 선이라고 생각하지. 좀더 뛰어난 자들은 지식이라고 생각하지만, 이도 사실은 요령부득이지. 지식이 뭔지 물으면 선이라고 동어반복을 하고 있으니 말일세.

아데이만토스 그것 참 우스운 일입니다.

소크라테스 사람들은 선의 실재, 이데아를 모르면서 참된 지식을 소유할 수 있다고 생각하는데 그럴 수는 없는 일이네.

아데이만토스 그렇습니다.

소크라테스 만일 참된 지식을 가진 수호자만 있다면 국가의 질서는 완전히 바로잡힐 것이네.

아데이만토스 그런데 선생님, 선에 관한 최고의 원칙이 지식에 있는지 쾌락에 있는지, 아니면 전혀 다른 무엇에 있는지 말씀해주셨으면 좋겠습니다.

소크라테스 자네처럼 까다로운 사람이 이 문제를 쉽게 지나치지 않으리라는 것은 알고 있었네.

아데이만토스 그렇습니다. 하지만 선생님처럼 평생을 철학에 몸바쳐 오신 분이 남의 의견만 되풀이해서는 안 된다고 봅니다.

소크라테스 그렇지만 모르는 것을 아는 척할 수는 없지 않은가?

아데이만토스 아는 척해서야 안 되겠지요. 하지만 선생님 자신의 견해나 의견은 있지 않겠습니까?

소크라테스 지식이 없는 의견은 맹목일 뿐이네. 눈먼 장님이 길을 걸어가는 것과 같은 뜻이지. 자네는 굳이 눈먼 내게서 아름다움이나 빛에 대해 들으려는가?

이때 글라우콘이 끼어들어, 화제가 곁가지로 접어드는 것 같다며 선의 문제에 직접적으로 접근해줄 것을 소크라테스에게 간청한다. 소크라테스는 선이라고 생각되는 것까지밖에 자기는 도달할 수 없으며, 거기까지 가는 일만 해도 벅차다고 말하고, 만일 이것 또한 마뜩잖으면 얘기를 그만두겠다고 말한다. 글라우콘은 할 수 있는 데까지만이라도 말씀해 달라면서 이야기해 줄 것을 종용한다.

소크라테스의 설명: 선의 이데아란 무엇인가

소크라테스 그런데, 자네들에게 미리 양해를 구할 것이 있네. 잘 들었다 나중에 상기해주게.

글라우콘 무엇입니까?

소크라테스 세상에는 아름다움이나 선이 여러 가지 있다는 것이지. 그래서 많은 것들을 '아름답다' 혹은 '선하다'고 말한다는 것이네.

글라우콘 그렇게들 말하지요.

소크라테스 그런가 하면 '아름다움 자체' 혹은 '선함 자체'로 말하면서 저마다 각각의 이데아가 있다고 말하지. 그리고 그 각각의 이데아를 '실재하는 것'으로 부르네. 또한 앞의 여러 가지 것들은 눈으로 볼 수 있지만 지성으로 볼 수 없고, 뒤의 이데아는 지성을 통해 볼 수 있지만 눈으로는 볼 수 없다고 주장하네.

글라우콘 그렇습니다.

소크라테스 그렇다면 우리는 무엇을 통해 볼까?

글라우콘 시각을 통해 봅니다.

소크라테스 그러니까 우리는 시각을 통해 보고 청각을 통해 듣네. 다른 감각기관들도 마찬가지지.

글라우콘 그렇습니다.

소크라테스 한데 다른 감각기관과는 달리 시각엔 빛이 필요하네. 빛이 없으면 볼 수 없을 테니까.

글라우콘 그렇지요.

소크라테스 그런데 이 빛의 주인은 누구인가? 하늘의 신[19] 중에 어떤 신이 우리로 하여금 볼 수 있게 하고 보이도록 하는가?

글라우콘 태양입니다.

소크라테스 하지만 태양이 시각 자체, 즉 우리가 눈이라고 부르는 것은 아니네.

글라우콘 물론입니다.

소크라테스 단지 우리의 눈과 가장 비슷할 뿐이지.

글라우콘 그렇습니다.

소크라테스 그런데 눈의 기능은 태양, 즉 빛에 의해 힘을 얻는다고 봐야 하지 않을까?

글라우콘 그렇습니다.

소크라테스 그러므로 태양이 곧 눈은 아니지만, 시각의 힘이 되어 눈으로 하여금 보게 하는 것 아니겠나?

---

19) 그리스인들은 천체를 신으로 여겼다.

글라우콘 사실입니다.

소크라테스 이 태양을 나는 '선의 아들'이라 부르고자 하네. 선이 자기 자신과 비슷하게 낳은 것이지. 지성의 영역에서 지성으로 인식할 수 있는 대상과의 관계처럼, 눈으로 볼 수 있는 영역에서 시각으로 볼 수 있는 대상과의 관계를 정립했다는 것일세.

글라우콘 좀더 자세히 설명해주십시오.

소크라테스 눈이 어두운 쪽을 바라보고 있을 경우 우리 눈은 장님처럼 침침해져 사물을 분간할 수 없다는 것은 알고 있지?

글라우콘 알고 있습니다.

소크라테스 그러나 빛을 받고 있는 사물은 뚜렷하게 보이네.

글라우콘 물론입니다.

소크라테스 영혼도 마찬가지지. 영혼이 진리와 실재하는 것에 닿을 경우, 그 사물을 인식하여 지성이 있는 것처럼 보이네. 하지만 어두운 곳에 닿을 경우, 눈이 침침해져 현상만을 좇아 의견만 갖게 되지. 이 의견마저 일정치 않아 이쪽 저쪽으로 기울다 보면 지성이 없는 것처럼 보이지.

글라우콘 사실 그렇습니다.

소크라테스 인식되는 것들에 진리를 부여하고 인식하는 것들에 능력을 부여하는 것을 '선의 이데아'라고 할 수 있지 않겠나? 이것을 인식과 진리의 근원이라고 불러도 좋을 걸세. 그러나 인식과 진리가 아름다운 것이긴 해도 '선의 이데아'는 이것들과 다르네. 보다 더 아름다운 것이라고 생각해야 할 걸세. 아울러 빛과 시각은 태양과 같은 것이라고 말해도 좋지만 태양 자체가 아니듯, 인식과 진리는 선처럼 보이나 선 자체는 아니네. 선은 보다 높은 자리에 있는 어떤 것일세.

글라우콘 학문과 배움의 주관자이면서 아름다움에 있어 인식과 진리를 초월해 있는 것이 선이라니, 참으로 놀라운 일이군요. 선생님께서는 선을 쾌락이라고 말씀하시지 않을 테니까요.

소크라테스 당연히 그렇네. 그보다는 선의 닮은꼴인 태양을 좀더 관찰해보게.

글라우콘 어떻게 말입니까?

소크라테스 태양은 볼 수 있는 것들을 보게 할 뿐만 아니라, 그것 자체가 생성이 아님에도 생성과 성장, 그리고 영양을 공급한다네.

글라우콘 그렇습니다.

소크라테스 이와 마찬가지로 선은 인식되는 것들에 대한 지식의 창조자일 뿐만 아니라, 그 사물의 존재와 본질의 창조자이기도 하네. 즉 선은 존재라기보다 그 위엄과 지위에 있어 존재를 초월해 있는 어떤 것이네.

글라우콘 아폴론[20]에 맹세컨대, 이 얼마나 놀라운 쾌거입니까!

소크라테스 모두가 자네 책임일세. 자네가 선에 대한 내 견해를 강요했으니까.

글라우콘 그렇다고 여기서 그쳐서는 안 됩니다. 이와 관련해 좀더

---

20) 그리스 신화에 나오는 태양의 신.

말씀해주십시오.

소크라테스 실은 할 얘기가 조금 더 있네.

글라우콘 빠뜨리지 말고 얘기해주십시오.

소크라테스 이 세계에는 두 개의 지배적인 힘이 있네. 하나는 지적 영역을 지배하고 다른 하나는 눈에 보이는 영역을 지배한다고 상상해보게.

글라우콘 알겠습니다.

소크라테스 그러면 여기 두 개의 선분이 있다고 치세. 한 선분은 '눈에 보이는 영역'을 나타내고 다른 한 선분은 '지적 영역'을 나타내는 것이네. 먼저 눈에 보이는 영역을 보세. 눈에 보이는 이 영역을 상대적 명확함을 기준으로 다시 둘로 나누네. 그리고 한쪽에는 그림자와 같은 영상을 두고, 다른 쪽에는 동식물이나 인공물 같은 사물을 위치시키세. 이해했나?

글라우콘 이해했습니다.

소크라테스 그러니까 이 얘기는 이와 같네. 즉 한쪽에 있는 그림자들은 다른 쪽에 있는 사물들의 것이네. 자연히 닮아 보이겠지?

글라우콘 그렇습니다.

소크라테스 그러면 자네는 눈에 보이는 영역의 이 세계가 진실성의 있고 없음에 따라 둘로 나뉜다는 것에 동의하나? 즉 '의견의 대상이 되는 것'과 '인식의 대상이 되는 것'과의 관계는 '닮은 것'과 '본체'와의 관계와 같다는 말이네.

글라우콘 동의합니다.

소크라테스 이번에는 다른 한 선분인 지적 영역을 살펴보세.

글라우콘 그것은 어떻게 나뉘나요?

소크라테스 한쪽은 영혼이 모방한 것을 통해 결론에 이르기까지 탐구해 나아가되, 다른 한쪽은 가정에서 출발해 영상 대신 형상 자체를 이용하여 그 형상을 탐구하는 식으로 나뉘네.

글라우콘 무슨 말씀인지 알쏭달쏭한데요.

소크라테스 그럼 이렇게 이야기하지. 자네도 알다시피 기하학이나 수학자들은 홀수나 짝수, 도형이나 삼각 등을 연구할 때 이것들과 동류인 것들을 기본으로 삼는바, 이것들을 굳이 해명하지 않네. 즉 우리가 이미 다 알고 있는 것으로 전제하고 출발하지. 그리하여 이것들을 기초로 나머지 것들을 종합적으로 추구해가면서 결론에 이르네.

글라우콘 그건 알고 있습니다.

소크라테스 그럼 다음과 같은 사실도 알 수 있을 걸세. 그들은 눈에 보이는 도형을 보조적으로 이용해 그 도형에 대해 논증하지만, 그들이 알려고 하는 것은 눈에 보이는 이 도형이 아니라 그것을 닮은 원형이라는 것을 말이네.

즉 그들은 눈앞의 사각형이나 대각선을 위해 논증하는 것이 아니라, 사각형 자체나 대각선 자체 때문에 논증하려고 한다네. 이러한 이치는 다른 경우에도 마찬가지네.

글라우콘 사실입니다.

소크라테스 나는 이러한 원형에 대해 말하려는 것일세. 그러자면 가설을 사용해야 하네. 이러한 경우에 형상으로 비쳐지는 그 당사자를 또 닮은꼴로 쓴다는 얘기지.

글라우콘 알겠습니다. 기하학이나 이와 비슷한 학문에 대해 말씀하시려는 거군요.

소크라테스 그러므로 지적 영역의 하나로서 내가 말하려는 것은 다음과 같은 것이네. 이것은 변증법적 힘에 의해 파악되는 것으로서 이때의 가설은 문자 그대로 가설일 뿐이네. 즉 모든 것의 궁극으로 나아가기 위한 출발점이지.

이런 방식을 거쳐 원리를 파악하면 다시 이 원리에 의존해 결론에 다다르네. 이때엔 감각되는 그 어떠한 것도 보조적으로 이용하지 않고 형상 그 자체만을 이용해 형상에 이르네.

글라우콘 대략 알겠습니다만 충분치는 않습니다. 선생님께서는 워낙 엄청난 것을 말씀하고 계시니까요. 그러나 어쨌든 변증법적 힘에 의한 추구가 실재를 파악하는 데는 다른 학문보다 더 유용하다는 것은 알겠습니다. 다른 학문에서는 가정을 전제로 고찰하므로 추론적 사고에 머물 뿐 원리에 다다르기는 어렵다는 것이지요.

선생님께서는 기하학이나 수학자들의 고찰방식을 지성이라 부르시지는 않는 것 같습니다. 의견과 지성 사이에 있는 어떤 것으로 여기고 계신 것 같으니 말입니다.

소크라테스 자네는 내 말 뜻을 어지간히 이해했군. 그러면 이제 네 개의 선분에 다음과 같은 네 가지 상태가 영혼 속에 발생한다고 생각해보게.

즉 맨 위에는 '지성적 앎'을, 두번째에는 '추론적 사고'를, 세번째에는 '신념'을, 그리고 마지막 부분에는 '상상'을 할당하게. 그 다음 이것들을 인식대상들의 명확성에 따라 배열해서 상상해보게.[21]

글라우콘 알겠습니다. 그렇게 하겠습니다.

---

21)

지적 영역 (인식의 대상이 되는 것들)	이데아, 형상	지성적 앎	**지식 이해**
	기하학(수학)적 세계 (홀수, 짝수, 도형, 삼각)	추론적 사고	
눈에 보이는 영역 (의견의 대상이 되는 것들)	사물들 (동식물, 인공물)	신념	**의견 판단**
	영상들 (그림자)	상상	

제7권

선의 이데아와 이상국가

인식되는 영역에서 보게 되는 선의 이데아는 고심해야 겨우 볼 수 있는 것인데 이는 모든 아름다움의 원인이네. 또한 눈에 보이는 영역에서 빛과 이 빛의 주인을 낳는가 하면, 지적 영역에서도 그 자신이 주인이 되어 진리와 지성을 공급하는 것이지. 무릇 이성적으로 행동하려는 자라면 이 이데아를 보아야 할 것이네.

어떻게 하면 선의 이데아에 이를 수 있는가? 선의 이데아가 무엇인지 설명한 소크라테스는, 연이어 그것에 이르는 길을 제시한다. 소크라테스는 말한다.

소크라테스, 동굴의 비유를 들어 선의 이데아를 설명하다

소크라테스 이제 우리의 본성이 교육에 의해 얼마나 계발될 수 있는지 알아보기로 하세. 만일 인간이 다음과 같은 지하동굴에 살고 있다고 가정해보세. 동굴 안쪽에 죄수들이 앉아 있는데 그들의 사지와 목은 어렸을 때부터 묶여 있네. 그러므로 꼼짝도 못하고 안쪽의 벽면만 바라볼 수밖에 없지. 그들 뒤쪽의 동굴 입구에는 횃불이 타오르고 있고 이 횃불과 죄수들 사이에는 담장 비슷한 것이 세워져 있네. 담장 비슷하다는 것은, 담장이긴 하지만 그 생김새가 인형극을 할 수 있는 공연무대의 휘장과도 같다는 뜻이지. 공연하는 사람이 관객들에게 이 휘장 위로 인형들을 보여줄 수 있는 것 같은 구조를 지녔다고 상상하면 되네.

글라우콘 그렇게 상상해보겠습니다.

소크라테스 그리고 담장과 횃불 사이의 길을 따라 사람들이 온갖 물품들을 담장 위로 치켜든 채 지나가고 있다고 상상해보게. 그들 가운데 어떤 사람은 지껄이기도 하고 어떤 사람은 가만히 있기도 하지.

글라우콘 선생님께선 참으로 묘한 곳의 죄수들을 그려 보이시는 군요.

소크라테스 따지고 보면 우리와 같은 사람들이지. 이 죄수들은 벽면에 비친 그림자들밖에 볼 수 없네. 자네는 이들이 그림자 외에 다른 것들을 볼 수 있다고 생각하나?

글라우콘 그들이 고개를 돌릴 수 없는 한 다른 것은 볼 수 없겠지요.

소크라테스 그들은 그러니까, 벽면에 비치는 그림자만이 존재하는 것이라고 여기지 않겠나?

글라우콘 그렇겠지요.

소크라테스 이때 벽면에서 어떤 소리가 울려나온다면 어떻게 생각하겠나? 즉 통행인들이 오가면서 나누는 말소리가 동굴 벽면에 부딪쳐 메아리로 들려오는 소리를 듣는다면 말일세. 그들은 이 소리의 임자가 누구라고 생각하겠나? 눈앞의 그림자가 내는 소리라고 생각하지 않을까?

글라우콘 그럴 수밖에 없을 겁니다.

소크라테스 이런 상황에서라면 죄수들은 그림자를 실물이라고 판단할 것이 틀림없네.

글라우콘 그렇겠지요.

소크라테스 그럼 이제 그들의 족쇄를 풀어준다고 가정해보세. 즉 그들 가운데 아무나 한 사람을 풀어주고 걷게 한 다음 주위를 둘러보게 하는 걸세. 죄수는 어떤 반응을 보이겠나? 그는 눈이 부셔 한동안 실물을 잘 분간할 수도 없을 테고, 시간이 흘러 분간할 수 있다 해도 그림자가 아닌 그 실물이 진짜인지 아닌지 헷갈릴 걸세. 그래 누군가 그에게 지금 보이는 것이 실제의 사물이며 그동안 보아왔던 벽면의 움직임들은 그림자에 불과한 것이라고 설명해줬다고 치세. 그는 당황하여 전에 보았던 것이 오히려 진짜라고 생각하지 않을까?

글라우콘 그럴 겁니다.

소크라테스 그 다음 횃불을 직접 보게 하면 어떨까? 죄수는 눈이 부셔 이전의 자리 쪽으로 뒷걸음치지 않을까? 그리하여 벽면에 비친 그림자가 더 명확한 것이라고 믿지 않겠나?

글라우콘 그렇겠지요.

소크라테스 또 만일 어떤 죄수를 동굴 밖으로 끌어내 햇빛을 보게 한다면 어떨까? 눈이 부셔 외부의 사물들을 전혀 볼 수 없게 되지 않겠나?

글라우콘 당장은 그렇겠지요.

소크라테스 그렇네. 그의 눈이 외부 환경에 익숙해지기까진 시간이 걸릴 걸세. 그렇다 해도 처음에는 그림자가 눈에 제일 편할 것이고 그 다음엔 물에 비친 영상이, 그 다음엔 실물의 순서대로 편해지겠지. 그리고 다음으로 하늘을 볼 수 있을 것이네. 그때에도 낮 동안의 태양광선보다는 밤 동안에 볼 수 있는 별이나 달이 훨씬 보기 쉬울 걸세.

글라우콘 그럴 겁니다.

소크라테스 결국엔 태양까지 볼 수 있겠지. 물 같은 데 비친 그림자로서의 태양이 아니라 진짜 태양을 말이네. 그리고 그것이 어떤 것인지 알게 될 거고.

글라우콘 그렇습니다.

소크라테스 그는 이제 태양에 대해 한층 많은 지식을 갖게 될 걸세. 태양 때문에 낮과 밤이 있다는 것과 사계절이 있다는 것, 태양이 보이는 영역의 모든 것을 다스리며, 그동안 동굴에서 봤던 모든 일의 원인도 태양이 제공했다는 것을 알게 되겠지.

글라우콘 그렇게 될 겁니다.

소크라테스 이후엔 어떻게 되겠나? 자신의 과거를 생각하며, 알고 있었던 그동안의 지식이 허망한 것이었다고 여기지 않겠나? 그러면서 스스로에 대해선 대견하게 생각하는 한편, 동굴의 동료들에 대해선 가엾게 생각하겠지?

글라우콘 그럴 겁니다.

소크라테스 그런데 이 사람이 다시 동굴로 내려가 전과 같은 처지가 됐다고 해보세. 그의 눈은 다시 어둠에 젖겠지만 전과 같지는 않을 걸세. 전처럼 그림자를 잘 식별할 수가 없어 동료들로부터 비웃음을 사는가 하면, 지상에 갔다 온 죄로 눈을 버렸다고 비난받겠지. 아울러 사람들은 지상으로 올라가는 일을 극도로 꺼리게 되어 누군가 자신을 지상으로 데려가려는 자가 있다면 눈을 부릅뜨고 죽이려 할 걸세.

글라우콘 그렇게 될 겁니다.

소크라테스 그렇다면 글라우콘, 이 모든 것들을 우리가 했던 얘기와 연결지어 생각해보세. 눈으로 볼 수 있는 곳을 동굴의 감옥으로, 감옥의 불빛을 태양에 비유할 수 있지. 또 지상에 올라가 바라본 것은 우리의 영혼이 지성적 영역으로 옮아갔다고 볼 수 있네. 이쯤되면 자넨 내가 무슨 말을 하려는지 짐작할 걸세. 그것은 이러하네. 인식되는 영역에서 보게 되는 선의 이데아는 고심해야 겨우 볼 수 있는 것인데 이는 모든 아름다움의 원인이네. 또한 눈에 보이는 영역에서 빛과 이 빛의 주인을 낳는가 하면, 지적 영역에서도 그 자신이 주인이 되어 진리와 지성을 공급하는 것이지. 무릇 이성적으로 행동하려는 자라면 이 이데아를 보아야 할 것이네.

글라우콘 옳은 말씀입니다.

소크라테스 이성을 지닌 사람이라면 누구나 알겠지만, 사람이 시각적으로 혼란을 느끼는 것은 명암이 교차할 때네. 즉 빛의 세계에서 어둠의 세계로 옮겨갔을 때이거나 그 반대의 경우지. 영혼도 이와 같다네. 그래서 이러한 진실을 아는 사람은, 어떤 사람이 앞을 잘 보지 못하고 더듬거린다 해도 결코 얕보거나 비웃지 않네. 비웃기보다는 그가 밝은 곳에서 살다 와 이곳이 상대적으로 어둡기 때문인지, 아니면 어둠 속에서 살다 와[22] 눈이 부셔 그런 건지 생각해볼걸세.

글라우콘 그렇습니다.

소크라테스 내 주장에 설득력이 있다면 교육에 관한 이러한 생각도 음미해봐야 할 걸세. 즉 진정한 의미에서 교육이란, 장님의 눈에 빛을 넣어주는 식의 주입식 교육이 되어서는 안 된다는 것이네. 우리가 탐구한 바에 의하면, 우리의 영혼 속에는 이미 학습에 필요한 능력이나 기관이 갖춰져 있네. 그래서 밝은 곳을 보기 위해서는 몸 전체의 기능을 전향시켜야 하듯 영혼으로 하여금 밝은 부분을 볼 수 있도록 관조하면서 견딜 수 있게 해주는 것이 필요하네. 그것이 최고의 존재인 선을 찾아 터득하는 첩경이라고 우리는 말해 왔네.

글라우콘 그렇습니다.

소크라테스 그러므로 인간에게 내재돼 있는 학습능력을 빨리, 효과적으로 전환시키는 기술은 있을지 모르지만 거기에 시력을 부여하는 기술은 없네. 시력은 본래 있는 것으로 다만 그것이 그릇된 방향을 향해 있었거나 진리를 외면하고 있었을 뿐이기 때문이지.

글라우콘 맞습니다.

---

22) 배운 것이 없다는 뜻.

소크라테스 그래서 그 성품이 악함에도 머리는 뛰어난 사람을 자네는 본 적이 있을 걸세. 이런 사람의 영혼은 시력이 좋아 분별력이 출중하지만, 악을 섬기도록 되어 있어 그 시력이 날카로우면 날카로울수록 더 악을 행하게 되네.

글라우콘 사실입니다.

소크라테스 그러나 태어날 때부터 영혼이 순결하여 세속적 욕망에 물들지 않는 사람이 더욱 예리하게 시력을 가다듬어 정진한다면 그는 진리를 인식하게 되지 않을까?

글라우콘 틀림없이 그럴 것입니다.

소크라테스 그렇네. 이제 우리가 건설하려는 국가의 수호자에 대해 얘기해보세. 우리는 뛰어난 자질을 타고난 사람을 선별해 우리가 최대의 것이라고 증명한 지혜를 터득하도록 강제해야 하네. 선을 향해 나아가도록 하되 결코 중도에 포기하도록 해선 안 되지. 그러나 그들이 다 올라가고 충분히 보았을 때는 그대로 머물러 있도록 해서는 안 되네.

글라우콘 무슨 말씀이신지요?

소크라테스 위에서 내려오도록 해야 한단 말이네. 동굴로 돌아와 동료들과 함께 명예와 노고를 나누도록 해야 하네.

글라우콘 그건 또 무슨 말씀이십니까? 훌륭한 삶을 버리고 열악한 환경으로 내려와야 한다고 말씀하고 계시니.

소크라테스 자네는 잊었나보군. 국가의 법률은 어느 한 계층만을 위해 입법된 것이 아니네. 모든 사람을 위한 것이며 국가 전체의 행복을 도모하기 위해 만들었지. 즉 모든 국민을 결속시켜 공공의 선에 이바지하도록 함으로써 각자가 잘 살도록 하자는 것이었네. 이 목적을 위해 수호자들을 기른 것이지 그들 자신을 위해 기른 것이 아니었네.

글라우콘 깜박했습니다.

소크라테스 이보게 글라우콘, 수호자들에게 그런 의무를 지운다고 해서 서운해할 것은 없네. 그것은 정당한 요구이기 때문이네. 국가로부터 아무런 혜택도 받지 못한 자들이라면 모르지만 우리가 세운 국가에서는 다르네. 우리는 그들에게 뛰어난 교육을 실시했고 철학과 실무의 경험을 쌓게 했네. 그러므로 당연히 아래로 내려가 국민들과 동고동락하며 어둠 속의 사물을 잘 분별할 수 있는 눈을 키워야 할 걸세. 이미 진리를 목격한 그들의 혜안으로 국가를 다스린다면 그 어떤 국가가 우리를 따라오겠는가? 틈만 나면 권력욕에 눈멀어 당파싸움이나 일삼는 그런 나라와는 비교가 되지 않을 걸세.

글라우콘 옳은 말씀입니다.

소크라테스 그런데 우리가 길러낸 그 수호자들이 우리 말을 순순히 들으려 할까? 천상의 빛 속에서 대부분의 시간을 보내다가 지상의 국가로 돌아와 노고를 함께하려 할까?

글라우콘 함께할 겁니다. 그들이 올바르다면 우리의 정당한 명령을 어기지는 않을 겁니다. 다른 나라의 지배자들과는 다를 테니까요.

소크라테스 그렇지. 그게 핵심이네. 보통의 다른 지배자들보다 더 나은 삶을 살게 해줄 수 있어야 하네. 그래야만 부유한 자가 국가를 지배할 수 있고 기강을 바로세울 수 있네. 부유한 자란 재물이 많은 자가 아니라 덕과 지혜가 풍부한 자를 의미하지. 하지만 그렇지 못한 사람이 국가를 지배하게 되면 그들의 사적 이익을 추구하는 데 혈안이 돼 있어 국가의 기강은 무너지고 정치는 실종될 걸세. 그렇게 되면 그들 자신은 물론 나라도 망하겠지.

글라우콘 사실입니다.

소크라테스 그런데 정치적 야심에 초연한 자가 철학자 말고 또 있을까?

글라우콘 없을 겁니다.

소크라테스 정치적 야심가는 많겠지. 하지만 그들이 권좌에 오르면 내분이 끊이지 않을 걸세. 그렇다면 누구를 통치자로 임명해야 하지? 지혜와 식견을 갖추었으면서도, 정치적 야심가의 그것과는 다른 명예심을 지닌 인물을 찾아야 하니 말일세.

글라우콘 그게 문제입니다.

동굴에서 빠져나오기 위해 필요한 학문:
수학, 기하학, 천문학, 변증론

소크라테스 어떻게 하면 그들을 발굴하고 교육해낼 수 있을지 알아봐야겠네. 어떻게 하면 어두운 동굴에서 천상의 빛으로 그들을 인도 할 수 있는지 말이네. 이는 진정한 의미에서 철학을 습득하는 과정이기도 하네.

글라우콘 그렇습니다.

소크라테스 과연 어떤 지식이 그 역할을 할 수 있을까 생각해봐야겠네. 그런데 자네 기억하고 있나? 교육에는 두 가지 부문이 있었다는 것을. 체육과 음악 말이네.

글라우콘 기억합니다.

소크라테스 하지만 체육과 음악에는 그러한 지식이 없네.

글라우콘 그렇다면 어디에서 그 지식을 찾아야 합니까?

소크라테스 특수한 것에서는 찾기 어려우니 보편적인 것에서 가져와야겠네.

글라우콘 그게 무엇인가요?

소크라테스 이를테면, 하나 둘 셋 하는 것이지. 수학의 세계가 그것이네. 수학은 모든 학문과 기술의 공통된 언어라고 할 수 있지.

글라우콘 그렇군요.

소크라테스 전쟁의 기술도 이와 관련돼 있지 않겠나?

글라우콘 물론입니다. 군대의 편제나 조직, 전술을 이해하기 위해서라도 필요합니다. 인간을 위해서도 그렇구요.

소크라테스 아무래도 자네와 나는 생각이 같은 것 같네. 수학이란 자연스럽게 인간의 사유를 돕는 학문임에도 그것을 제대로 활용하지 않고 있는 듯 보이네.

글라우콘 어떤 점에서 그렇다는 것인지요?

소크라테스 감각의 대상에는 두 종류가 있네. 어떤 대상은 감각만으로 판별할 수 있어 지성이 필요 없지만, 어떤 대상은 지성이 있어야만 판별할 수 있네.

글라우콘 거리 차에 의한 음영이나 그림에 대해 말씀하시는 것 같군요.

소크라테스 아니네, 글라우콘. 잘못 짚었네. 예를 들어 설명해보겠네. 여기에 있는 손가락을 보게. 이것이 손가락이라는 것을 모르는 사람은 없을 걸세. 길건 짧건, 엄지손가락이건 새끼손가락이건 이건 모두 의심할 여지가 없는 손가락이네. 이럴 때 감각은 지성의 도움을 필요로 하지 않지. 손가락이 '손가락 아닌 것'으로 나타나는 일은 없기 때문일세.

글라우콘 틀림없이 그렇습니다.

소크라테스 그럼 이제 크기와 관련해서 알아보세. 이 손가락과 저 손가락 중에 어느 것이 긴 것인지를 판별하기란 어렵지 않네. 두 손가락을 대보면 알 테니까 말이네. 하지만 상대적으로 보면 이 손가락은 저 손가락보다 클지언정, 모든 손가락 중에 제일 크다고 말할 수는 없네. 그것을 우리의 감각만으로 판별할 수는 없다는 말일세. 촉각의 입장에서 봐도 마찬가지네. 이 손가락이 딱딱한지 부드러운지, 딱딱하다면 어느 정도가 딱딱하고 부드럽다면 어느 정도가 부드러운 것인지, 우리의 촉각으로서는 답을 내릴 수가 없네. 무겁고 가벼운 것도 같은 이치지. 이럴 때 우리의 마음은 당황하지 않겠나?

글라우콘 그렇습니다.

소크라테스 이런 경우 어떤 지적 활동의 도움을 받아야 하지 않겠나? 이것과 저것을 계산해본다든지 하는?

글라우콘 그렇습니다.

소크라테스 이리하여 감각적인 것과 이성적인 것이 구별되네. 우리는 앞서 감각의 대상 중엔 지성을 필요로 하는 것과 그렇지 않은 것이 있다는 말을 했었네. 그렇다면 '하나와 여럿'은 어느 쪽에 속하는 대상이겠는가?

글라우콘 글쎄요. 알쏭달쏭한데요.

소크라테스 잘 생각해보게. 어떤 개체가 감각에 의해 확실히 식별되는 것이라면, 손가락의 예에서 보았듯 실재實在로 인도되는 것은 없네. 그러나 어떤 수에 대립되고 모순되는 것이 있어 경우에 따라 달리 보인다면 우리 안에서 지성의 힘이 움직이기 시작하네. 의혹에 싸인 영혼이 '모순과의 화해'를 촉구하면서 해답을 요구하기 때문이네. 이리하여 지식은 실재를 관조하는 교량이 되지.

글라우콘 그렇군요. 그렇다면 '하나와 여럿'은 분명히 지성을 필요로 하겠습니다. 하나는 스스로 하나임과 동시에 무수히 많은 하나이기도 할 테니까요.

소크라테스 그렇네. 결국 하나가 진실이라면 모든 수 역시 진실일 걸세.

글라우콘 그렇습니다.

소크라테스 산술적인 모든 것은 수와 관련있겠지?

글라우콘 물론입니다.

소크라테스 이러한 것이 정신을 진리 쪽으로 이끌어가는 것 같네.

글라우콘 그렇습니다.

소크라테스 이야말로 우리가 찾고 있던 종류의 지식이라고 할 수 있지. 이를 모르는 군사는 군대의 조직이나 전술을 짜지 못할 것이며, 이를 모르는 철학자는 실재를 파악하기 어려울 것이네.

글라우콘 옳습니다.

소크라테스 우리의 통치자는 군인인 동시에 철학자여야 한다고 했지?

글라우콘 그렇습니다.

소크라테스 그러므로 이러한 종류의 지식을 습득하도록 우리의 입법자는 신경 써야 할 것 같네. 무릇 통치자들이라면 수학을 배우도록 해서 이성적 활동을 도모해야지. 수학은 참으로 유용한 학문이네. 장사꾼의 심정으로 익히기보다는 철학자의 정신으로 숭상해야 해. 추상적인 수를 논하게 되면 사물의 변화에 일희일비하지 않네.

글라우콘 그렇습니다.

소크라테스 계산에 뛰어난 사람들은 다른 종류의 지식을 터득할 때도 이해가 빠르네. 머리가 둔한 사람도 수학으로 단련하면 훨씬 더 똑똑해지지.

글라우콘 그렇습니다.

소크라테스 그러나 수학보다 더 어려운 학문도 없을 걸세. 있다 해도 극히 소수겠지.

글라우콘 그럴 겁니다.

소크라테스 이러한 이유 때문에라도 수학은 가장 우수한 자들이 배우지 않으면 안 될 학문이고, 중도에 그만두어서는 안 되네. 머리가 뛰어난 자일수록 어려서부터 가르쳐야 하네. 수학은 이 정도로 하고, 다음엔 어떤 학문이 유용한지 생각해보세.

글라우콘 기하학을 염두에 두고 계시는군요.

소크라테스 그렇네.

글라우콘 특히 전쟁기술과 관련해서라면 기하학은 쓸모가 많은 학문이겠죠. 진영을 정비한다거나 진지를 구축할 때는 물론, 전투나 행군 시 진형을 결정할 때도 유용하니까요. 지휘관이라면 당연히 알아야 할 겁니다.

소크라테스 일리 있는 말이네. 그러나 내가 말하고자 하는 기하학은 그런 차원이 아니야. 이 분야는 선의 이데아를 파악하는 데 유용한 기회를 제공해줄 걸세.

　기하학을 상투적으로 이해해서는 곤란하네. 사각형을 만들고 평행선을 긋는 정도의 일상적 지식은 기하학의 필연성에 비하면 대단히 좁은 개념이지. 기하학은 영혼을 진리로 이끌어 철학에 관한 정신을 창조하네. 그리하여 실추된 철학적 기능을 회복하도록 하네.

글라우콘 그렇습니다.

소크라테스 자네가 건설하고 있는 아름다운 국가에서라면 주민들 모두에게 이 기하학을 배우도록 엄격히 관리해야 할 걸세. 이 학문의 파급효과는 결코 적지 않을 테니까.

글라우콘 어떤 효과가 있습니까?

소크라테스 그대가 말한 군사적 이점이 있네. 그러나 그것은 작은 거라네. 기하학을 배운 사람은 그렇지 못한 사람보다 사물을 이해하는 데 훨씬 빠르고 예민하지. 그러므로 이 기하학을 젊은이의 교육 과정에 필요한 두번째 과목으로 정해야겠네.

글라우콘 찬성입니다.

소크라테스 세번째 과목으로는 천문학을 선정하는 게 어떻겠나?

글라우콘 그렇지 않아도 말씀드리고 싶었습니다. 해와 달을 알고 계절을 이해한다는 것은 농부나 선원들에게도 유용할 뿐더러 꼭 필요할 겁니다. 군대를 운용할 때도 그렇지요.

소크라테스 자네는 대중들을 너무 의식하는군. 천문학은 우리 마음속에 있는 눈을 뜨게 해주네. 그래서 우리의 심신을 정화해 진리를 볼 수 있게 해주지.

　이런 이치를 아는 사람과 모르는 사람은 천양지차네. 아는 사람은 자네의 말에 동의하며 그것을 무슨 계시처럼 받아들이겠지만, 모르는 사람은 쓸데없는 소리나 하고 다닌다며 자네를 공격할 걸세. 이럴 경우 자네는 어느 쪽을 상대로 토론할지 결정해야 할 걸세.

　아마도 자네라면 누구와도 토론에 임하지 않을 것 같군. 대신 스스로를 위한 향상과 개선에 힘쓰겠지. 하지만 거기서 얻은 지식을 남에게 나누어주는 데 인색하지는 않겠지?

글라우콘 그렇습니다. 인색하지 않을 것입니다.

소크라테스 그런데 이야기의 순서가 조금 잘못된 것 같네. 우리는 너무 서둘러 평면기하학에서 천문학[23]으로 넘어간 것 같네. 순서대로라면, 천문학으로 넘어가기 전에 입체기하학에 대해 알아봤어야지.

글라우콘 맞습니다, 선생님. 하지만 그 방면의 연구는 아직 미진해서 말이죠.[24]

소크라테스 거기에는 두 가지 원인이 있네. 국가적 지원과 관심이 부족하다는 것과 이것을 가르칠 선생이 별로 없다는 것이 그것이지. 국가에서 관심을 갖고 정책적인 지원만 아끼지 않는다면 사태는 달라지리라고 보네. 선생들을 대우하고 그들에게 명예를 준다면 제자들도 모여들 것이네. 자연히 학문의 연구는 진척될 것이고 그 성과 또한 만만치 않을 걸세. 어느 학문보다 매력 있는 것이 이 학문이므로 앞으로는 달라지리라고 보네.

글라우콘 그렇습니다. 이 학문이야말로 상당히 매력적입니다.

소크라테스 미개척 상태로 남아 있는 입체기하학에 대해서는 이 정도로만 언급하고 천문학으로 다시 돌아가세.

글라우콘 그게 좋을 것 같습니다. 그런데 아까 선생님께서는 제가 대중들을 너무 의식한다고 말씀하셨는데, 이번에는 선생님의 구미에 맞춰 말해보겠습니다. 천문학은 인간의 시선을 위로 향하게 해 이

---

23) 입체의 운동을 말한다.

24) 이 '대화'가 진행될 무렵인 기원전 5세기 말에는 입체기하학에 대한 연구가 그리 충분하지 못했던 것 같다. 이러한 현실에 대해 플라톤은 불만이 컸던 듯하다.

세상에서 저세상으로 우리의 영혼을 인도한다고 봅니다.

소크라테스 아주 일리 없는 말은 아니나 난 그렇게 보지 않네. 현재의 방식으로는 우리의 시선을 단지 아래로 향하게 할 뿐이지.

글라우콘 어찌하여 그렇습니까?

소크라테스 현재의 천문학적 방식으로는 철학을 높일 수 없다는 말이네. 자네는 천상의 사물들에게 승화된 옷을 입히고 있네. 시선을 위로 든다고 해서 실재에 대한 관념이 생기는 것은 아니네. 눈에 보이지는 않지만 지성적 힘으로 영혼의 위쪽을 바라볼 수 있어야 하는데 그것은 결코 천상을 쳐다보는 식으로 되는 것은 아닐세. 감각의 대상을 추구하는 것만으로 참된 지식을 갖기란 어렵지. 위를 쳐다보고 있건 벌렁 누워 있건 그건 결코 위를 바라보는 게 아니란 말이지.

글라우콘 제가 경솔했습니다. 그렇다면 천문학을 어떤 방식으로 배워야겠습니까?

소크라테스 눈에 보이는 밤하늘의 별은 매우 정교해서 아름답고 규칙적으로 배열된 것처럼 보이네. 그러나 실상을 안다는 것과 눈에 보이는 것을 믿는다는 것은 전혀 다른 얘기지. 우주의 세계는 감각으로가 아니라 지성적 사유로만 포착되는 것이라네. 따라서 반짝이는 밤하늘의 천공을 우리는 하나의 모형으로 취급해야 하지. 예지의 세계를 배우기 위한 모형 말일세. 이는 아름다운 그림이나 도형을 바라보는 일과 같지.

참된 천문학자라면 별의 움직임에서 기하학의 느낌을 가져야 한다고 보네. 조물주가 그린 밤하늘의 아름다움은 그것대로 존중하면서 말이네. 그래서 아름다움을 조율해내는 관계들, 즉 해와 달의 관계라든지 별과 별 사이의 반짝임을 항구적 관계로 오인하지 않으면서 기하학처럼 연구할 수 있어야 하네.

글라우콘 옳은 말씀입니다. 말씀대로라면 천문학에서 다루어야 할 일이 정말 많을 것 같습니다.

소크라테스 그것 또한 하나의 숙제로 남겨 두고 다음 단계로 넘어가세. 또 우리가 신경 써야 할 학문으로는 무엇이 있을까?

글라우콘 글쎄요. 어떤 것이 있을는지요.

소크라테스 우리가 이제까지 얘기한 모든 학문은 유기적으로 관련돼 있는 것이네. 그래서 서로 영향을 주고받으면서 함께 나아가야만 연구의 목적을 이룰 수 있네. 그러자면 추리적 소양을 계발해야만 하지. 그러니 글라우콘! 이제 우리는 변증론에 대해 말할 차례가 된 것 같네.

글라우콘 변증론이라, 그렇군요!

소크라테스 변증론은 지성에 의지해 연주되는 곡이라 할 수 있지. 감각의 도움 없이 오로지 순수한 사유에 의지해, 절대선을 향해 나아갈 때 필요한 학문이 이것이지.

여기서부터 소크라테스는 다소 모호한 방식으로 변증론에 대해 언급한다. 한마디로 변증론은 어떤 개념을 정의하거나 반박할 때 필수적으로 거쳐야 할 학문적 수단인데, 이 방식을 동원하지 않고 모든 사물의 본질을 이해하기란 어렵다는 것이다. 그래서 어떤 학문은 다른 학문의, 혹은 다른 지식의 지원을 필요로 하게 된다. 수학이나 기하학이 실재에 대한 몽상에만 빠져 있을 뿐 실재에 대해 말을 하지 못하는 것도 그 때문이라는 것이다. 즉 가설 없이 직접 원리를 탐구해나가는 학문이 변증론이라는 섯이다. 따라서 훌륭한 통치자가 되기 위해서는 이 변증론에 대한 훈련을 집중적으로 받아야 한다고 말한다. 남은 문제는 누구를 선발해 어떻게 가르쳐야 하느냐는 것인데, 철인 통치자의 양성에 있어 이 문제의 해결은 대단히 중요한 과제다. 소크라테스는 말한다.

수호자: 누구를 선발해 어떻게 가르칠 것인가

소크라테스 자, 글라우콘! 전에 우리가 통치자를 선발하면서 어떤 사람을 뽑아야 한다고 말했는지 자네는 기억하고 있나?
글라우콘 물론입니다.
소크라테스 그렇다면 새삼 그 얘기로 돌아가지는 말기로 하세. 다만 선발한 젊은이를 교육함에 있어 학문에 대한 훈련은 어렸을 때부터 시켜야 한다는 것을 강조하기로 하고 말이지. 산수든 기하학이든 변증론이든 말이네. 물론 강제로 시켜서는 안 되지만.
글라우콘 왜 그렇습니까?

소크라테스 교육을 강제해 노예적 상황을 만들어서는 안 되기 때문이지. 억지로 시켜서는 안 되네. 어릴 때의 학습은 오락처럼 이루어져야 하며, 그래야만 타고난 소질을 파악해 올바른 길로 이끌 수 있으니까 말이네.

글라우콘 딴은 그렇습니다.

소크라테스 그렇지만 강하게 키워야 하네. 아이들을 말에 태워 전쟁터로 끌고 가 위험에 대한 내성을 키워줘야 하네. 어린 사냥개에게 피맛을 보이듯이 말야. 그래서 두려움을 극복한 아이들을 선발해야 하네.

글라우콘 그런 교육은 몇 살 때쯤부터 해야 할까요?

소크라테스 필요한 체육 훈련을 마쳤을 때가 적당하겠네. 피로와 졸음은 학문의 적이므로 그 기간을 피하자면 대략 스무 살쯤이 좋을 걸세. 그리고 이때쯤 되면 그들이 두서없이 배웠던 학문들도 나름대로 체계화돼 있을 테니, 종합적인 사고를 하는 데도 무리가 없을 걸세.

글라우콘 지당하신 말씀입니다.

소크라테스 또한 이때쯤이면 변증술(변증의 기술)에 재능이 있는지 여부를 판단할 수 있을 걸세. 종합적으로 생각하는 사람은 변증술에도 능할 테니까.

글라우콘 그렇습니다.

소크라테스 종합적 인식능력을 갖고 있는 자가 누구인지, 학습 및 군사나 법률 등이 부과한 의무를 성실히 수행하는 자가 누구인지, 이것을 파악하는 일은 매우 중요하네. 이들을 선별해 서른 살쯤 되었을 때 명예를 주고 또한 시험해봐야 하네. 누가 감각에 휩쓸리지 않고 진리의 반석에 올라설 수 있는지 말야. 여기서 경계해야 할 것이 있네.

글라우콘 그게 무엇입니까?

소크라테스 변증론의 오용을 경계해야 된단 말이네. 본성이 선하고, 이려시부터 교육을 올바로 받아온 자라면 문제가 없겠지. 하지만 현실은 그렇지 않다네. 가령 유복하게 자라온 어떤 젊은이가, 어느 날 자기도 모르던 비밀을 알게 되어 성정이 비뚤어졌다고 가정해보세. 친부모인 줄 알았던 자신의 부모가 사실은 양부모였다는 등 말이네. 그럼 그는 부모를 공경하지도 않게 되고 가풍이나 권위에 순종하지도 않게 되지.

글라우콘 그것이 변증론의 오용 문제와 무슨 상관 있습니까?

소크라테스 이렇네. 정의나 아름다움에 관한 원칙들을 우리는 어려서부터 부모에게 들어 배워왔네. 부모를 존경하고 순종하면서 말이야. 그러나 한번 비뚤어져나간 아이는 정의나 명예를 숭상하는 대신 쾌락에 기울어 자기 멋대로 행동하게 되네.

이런 사람에게 변증술을 가르쳤을 경우, 그는 이 수법을 동원해 어떻게든 자신에게 유리한 쪽으로 반박하고 대적하게 되지. 그가 불편한 진리를 감수하면서까지 쾌락을 멀리 하고 자신을 지킬 것 같지는 않으니까 말이네.

그래서 젊은이들에게 너무 일찍 변증술을 맛보게 하는 것은 금물이네. 이것은 위험한 장난감과 같단 말일세.

218

글라우콘 그렇군요.

소크라테스 그러나 나이가 들면 이런 미치광이가 될 위험이 훨씬 적네. 오히려 변증술로 장난치기보다는 진리를 탐구하는 쪽으로 자신을 몰아갈 걸세. 또한 변증술은 지조 있고 성정이 굳센 자에게 가르쳐야 하네.

글라우콘 사실입니다.

소크라테스 이러한 변증론을 배우려면 체육에 투자하는 시간의 두 배 정도는 돼야 하지 않을까 싶네.

글라우콘 4년이나 6년쯤 되겠군요.

소크라테스 5년쯤이면 적당할 걸세. 이 기간이 지나면 그들은 다시 동굴로 내려가 경험을 쌓고 군사관계의 일을 맡아야 하네. 그러면서 어떤 유혹에도 굴하지 않고 자신을 확고히 지키는지 시험받도록 해야지.

글라우콘 그 기간은 어느 정도로 잡아야 합니까?

소크라테스 15년은 잡아야 하네. 그리하여 그들이 50세가 되면 맡은 임무를 마치고 다방면에 달통한 자가 돼 마지막 단계에 이를 수 있을 걸세. 영혼의 눈을 떠 '선 자체'를 본 다음, 이를 본보기로 국가와 국민들 그리고 자기 자신을 통치하도록 해야 하네. 그들은 여생의 대부분을 철학으로 소일하겠지만, 기회가 닿으면 국가를 수호하는 데 앞장서야 하네. 개인의 영달을 위해서가 아니라 국가를 위해서 그렇네. 그리고는 다시 후세를 양성해 자신의 임무를 넘겨준 다음 행복의 섬[25]으로 가면 되네.

글라우콘 선생님은 조각가처럼 통치자들의 모습을 아름답게 만들어 내셨습니다.

소크라테스 이러한 통치자는 여자들도 될 수 있네. 이제껏 말한 모든 것이 남자들에게만 해당된다고 생각하면 오산이네, 글라우콘! 여자들도 자질만 타고나면 얼마든지 가능하다네.

글라우콘 옳으신 말씀입니다. 기회는 그들에게도 똑같이 주어져야 합니다.

소크라테스 우리의 이러한 국가 건설은 결코 꿈이 아니네. 이제껏 우리가 이야기한 바에 따라 실행만 한다면 말일세. 진정한 철학자를 선발해 통치를 맡기고, 덧없는 명예나 명성에 물들지 않게 하며, 정의를 신봉하고 그것의 명령에 따라 행동하면 결코 어려운 일이 아니네.

글라우콘 맞습니다.

소크라테스 열 살이 넘은 국민은 모두 시골로 보내, 그들이 아직 세상에 때묻지 않았을 때 이제껏 우리가 얘기해 온 방식과 법률에 따라 훈육하면 되네. 그렇게 하면 국가 스스로도 번영할 뿐만 아니라 그 땅에 태어난 국민들도 크나큰 행복을 누릴 걸세.

글라우콘 그게 제일 좋은 방법인 것 같습니다. 만일 이러한 국가가

---

25) 그리스 신화에 나오는 죽은 자들의 지상낙원. 생전에 착한 일을 한 사람들이 가서 영생을 즐기는 곳으로, 태양이 지는 지구의 서쪽 끝 오케아노스Okeanos 강에 있다고 한다.

실제로 탄생한다면 말씀하신 방안에 따라 이루어질 것입니다.

소크라테스 이상국가와 이 이상국가를 닮은 사람에 대한 논의는 이 정도면 충분할 걸세.

글라우콘 충분하고도 남음이 있습니다.

제8권

잘못된 국가 체제

자유가 질서를 위협해 혼혈인이든 이방인이든 그리스인처럼 동등해지지.
학교에서도 선생이 학생을 두려워하게 되고, 학생은 선생을 얕잡아 볼 것
이네. 이러한 기운이 만연하면 어떻게 되겠는가? 국민들은 매우 예민해져
작은 일에도 분노를 폭발할 걸세. 법도 상식도 없는 세상이 돼 결국은 체제
가 무너지게 된다네. 이로써 참주가 등장하게 되지.

소크라테스와 글라우콘은 이상국가에서 통치자들이 지켜야
할 본분과 처신에 대해 간단하게 기억을 환기시킨 다음, 5권의
초반부에서 하려다 만 얘기로 화제를 돌린다. 소크라테스가 묻
고, 글라우콘이 대답한다.

잘못된 국가 체제: 명예 체제

소크라테스 우리는 다시 처음의 문제로 돌아가야겠네. 얘기가 어디
에서 빗나가 여기까지 오게 됐지?
글라우콘 선생님께서는 정의로운 국가와 정의로운 사람에 대해 말
씀을 마친 다음, 잘못된 국가의 체제에 대해 언급하고 계셨습니다.
악덕이 그러한 것처럼 잘못된 국가 체제에도 네 가지가 있다는 것이

었죠.[26] 그리고 그 네 가지 체제에 대해 말씀하시려는 찰나 폴레마르코스와 아데이만토스가 말참견을 하는 바람에 얘기가 끊겼고, 여기까지 왔습니다. 이제 다시 기회가 닿았으니 선생님께서는 하던 얘기를 마저 해주셔야겠습니다. 우선 네 가지의 국가 체제가 무엇인지부터 말씀해주셔야겠습니다.

소크라테스 자넨 아주 자세히 기억하고 있군. 자네의 질문에 답하기란 그리 어렵지 않지. 네 가지 국가 체제란 스파르타식 명예 체제, 과두 체제, 민주 체제, 참주 체제를 말하네. 이 밖에도 소소한 체제들이 있지만 그다지 신경쓸 만한 것은 못 되네. 자네는 이들 말고 또 꼽을 만한 체제가 있다고 생각하는가?

글라우콘 여러 가지 기묘한 체제들이 회자되긴 합니다만, 그 정도면 된 것 같습니다.

소크라테스 좋네. 이러한 체제는 그 나라 국민의 습성에서 비롯됐다고 보는 것이 옳을 걸세. 그러므로 국가의 체제에 다섯 가지가 있다면 인간의 유형도 그와 같을 거라고 생각하는데, 안 그런가?

글라우콘 그렇습니다.

소크라테스 그럼 이제 이러한 체제와 인간에 대해 하나하나 살펴보세. 그 방법은 앞서 우리가 취했던 방식을 답습하는 것이 좋을 것 같네. 즉 개인에 앞서 국가를 살펴보는 식으로 말이네. 큰 것을 먼저

---

26) 국가 체제에는 다섯 가지가 있다. 그러나 한 가지는 최선의 국가 체제, 즉 귀족 체제이므로 잘못된 국가 체제는 네 가지다.

보고 작은 것을 나중에 보는 것이 핵심을 파악하는 데 유리할 테니까. 그 점에 우리는 합의했었지?

글라우콘 그렇습니다. 그 방법이 더 유용합니다.

소크라테스 그럼 명예 체제부터 살펴보세. 명예를 중시하는 이 정치 체제는 귀족 체제에서 분열돼 나왔다고 볼 수 있네. 그런데 정치 체제의 변화는 어떻게 해서 생겨나는 것일까? 그것은 우선 통치권력의 분열로부터 발생한다고 보는 것이 자연스러울 걸세. 수호자 계급 간에, 혹은 수호자 계급과 보조자 계급 간에 분열이 일어나게 되면, 세상 만물이 생성과 소멸의 과정을 반복하듯이 필연적으로 붕괴하게 된다네.

글라우콘 그렇습니다.

소크라테스 그 과정을 상상해보면 이렇네. 먼저 수호자들 간의 잘못된 결합으로 잘못된 결과가 일어날 수 있네. 즉 그들이 낳은 자식들이 모두 다 훌륭할 수는 없어서 어떤 아이는 금의 성향을, 어떤 아이는 은의 성향을, 또 어떤 아이는 구리나 철의 성향을 갖고 태어나지.

이들 가운데 비교적 우수한 자식들이 아버지의 대를 이어 권좌를 차지하겠지만 아무래도 예전만은 못하네. 그래서 그들이 수호자가 됐을 때는 시가와 체육을 경시하게 되고, 이러한 일이 대를 이어 반복되면 금의 자식이나 은의 자식을 검사하는 능력마저 떨어지게 되지. 그리되면 구리나 철의 자식들처럼 열등한 후대들은 재물에 욕심을 내 그런 쪽으로 국가를 끌고 가려 하고, 금이나 은의 자식들은 본래의 성향대로 귀족 체제 쪽으로 국가를 끌고 가려 해 갈등이 생기게 되네.

　이러한 갈등이 불가피한 타협을 낳고 이 타협은 어쩔 수 없이 변혁을 불러오지. 그래서 토지의 소유가 바뀌고 계급 간 질서가 파괴되네. 이렇게 해서 귀족 체제와 과두 체제의 중간적인 형태를 취하는 명예 체제가 나오게 되지.

글라우콘　그렇습니다.

소크라테스　이 명예 체제는 특이해서, 한편으로는 귀족 체제의 흉내를 내면서 한편으로는 과두 체제의 흉내를 내네. 그래서 수호자들을 존중하고 체육과 군사훈련에 주력하기도 하지만, 지혜로운 사람을 통치자로 추대하기를 두려워하네. 대신 타고난 천성 때문에 전쟁을 즐기게 돼 전란이 끊이지 않지.

글라우콘　그렇습니다.

소크라테스　또 이들은 재물에 욕심이 많네. 과두 체제의 성향에 물들어 있어 소유욕이 강하고, 그러다보니 구두쇠이기도 하네. 갖고 싶은 것은 많은데 물량은 제한돼 있으니 남의 것을 탐내기도 하지. 그리고 몰래 쾌락을 즐기는데, 이는 그들이 감화에 의해서가 아니라 강압에 의해 교육받았기 때문이네.

글라우콘　듣고 보니 선과 악이 혼합된 정치 체제 같습니다.

소크라테스　그렇네. 기백이 강해서 투쟁적이고 공명심도 아주 높네.

글라우콘　그렇겠습니다.

소크라테스　이것이 명예 체제의 특징이네. 그렇다면 이 체제와 닮은 사람은 어떤 사람이겠는가?

이때 아데이만토스가 끼어들어, 투쟁정신만을 감안하면 글라우콘이 그런 사람과 닮지 않았겠느냐며 말참견을 해왔다.

소크라테스 아마 일부는 닮았겠지. 그러나 전반적으로는 그를 닮지 않았네. 이런 유형의 사람들은 고집이 세고 음악도 좋아하지만 교양은 없네. 또 토론할 능력도 부족해서 주로 듣기만 하는 편이지. 그리고 이런 사람은 자애심이 없어 노예들을 가혹하게 부릴 것이네. 강자에게 약하고 약자에게 강한 것이 특징이지. 권력욕과 명예욕도 강하네. 젊어서는 돈을 경멸하는 듯한 태도를 보이지만 나이들면서 성정이 바뀌어 재물욕이 왕성해진다네. 한마디로 훌륭한 수호자가 되긴 어려운 사람일세.

아데이만토스 사실 그렇습니다. 그런데 그런 사람들은 어떻게 해서 태어나지요?

소크라테스 그건 이렇네. 여기 한 젊은이의 아버지가 있다고 가정하세. 이 아버지는 선량한 인물로 명예욕이나 권력욕도 없을 뿐더러, 성정이 모질지도 않아 분란이 일어날 것 같으면 서슴없이 자신의 권리도 포기하는 사람이네. 반면 어머니는 이런 남편에 대해 불만이 많아 늘 욕구불만에 가득 차 있네. 그녀는 자신의 아들에게, 우유부단하지 말 것과 남자답게 세상을 지배하며 살 것을 주문하네.

　이런 부모 밑에서 자란 젊은이는, 아버지의 영향을 받아 한편으로는 이성적이지만 어머니의 영향 때문에 다른 한편으로는 매우 격정

228

적이고 야심찬 성정을 지니게 되지. 이 젊은이는 천성이 악하지는 않지만 나쁜 사람들과의 교제를 청산하지 못해 결국은 정신의 지배권을 넘겨주게 되네. 오만하고 승리를 좋아하며 명예심이 강한 기질에게.

아데이만토스 그렇군요.

소크라테스 이상이 귀족 체제에 이어 등장한 두번째 체제의 국가와 인물일세.

아데이만토스 그렇습니다. 선생님은 참으로 정확하게 설명해주셨습니다.

잘못된 국가 체제: 과두 체제

소크라테스 다음에 볼 것은 과두 체제이네. 이런 국가에서는 부자가 권력을 장악하고 있어 가난한 사람은 힘을 못쓰네.

아데이만토스 알겠습니다.

소크라테스 그러면 어떻게 하여 명예 체제에서 과두 체제로 넘어가는지 그 과정을 살펴보세.

아데이만토스 말씀해주십시오.

소크라테스 한데 이야말로 '건너다보면 절터'네. 말하나마나 결과가 뻔하다는 얘기지. 재물에 눈이 어두워 황금을 밝히다보면 정치 체제는 무너지게 돼 있네. 부와 덕은 저울의 양 끝과 같아서 한쪽이 올라

가면 한쪽은 내려가게 돼 있는 법, 가진 자들이 더 가지려 하다보면 부패가 쌓이고 이전투구가 그칠 날이 없게 되지. 금전만능주의가 득세하면서 부자가 대접받는 반면 덕이 있는 사람들은 멸시당하네. 이렇게 되면 누가 더 돈이 많고 적으냐에 따라 정치적 발언권이 정해지지. 결국엔 법이 어떻게 바뀌겠는가? 재산이 정해진 기준에 미달하면 시민권의 자격은 물론 관직에도 나아살 수 없네. 결국 명예 체제는 붕괴하고 과두 체제가 등장하게 되는 걸세.

아데이만토스 그렇군요. 그렇다면 이 정치 체제의 특성이나 장단점은 무엇인가요?

소크라테스 가령 어떤 배를 가진 사람이 항해사를 뽑는데 재산이 많고 적음을 기준으로 선발한다고 해보세. 그 배가 잘 가겠는가?

아데이만토스 그럴 리가 없지요.

소크라테스 국가가 이렇다면 어떻겠는가? 잘 돌아가겠는가?

아데이만토스 천만의 말씀입니다.

소크라테스 이런 국가는 사분오열하게 돼 있네. 그래서 두 개의 국가처럼 나뉘지. 하나는 부자들의 국가요 또 하나는 가난한 자들의 국가네. 이러다 보니 서로 간에 음모가 판을 치게 되고 내분이 그칠 날이 없네.

아데이만토스 그렇겠습니다.

소크라테스 그들은 전쟁을 수행할 능력도 없네. 두려워서 사람들에게 무기를 나눠주지도 못하네. 적보다 자신들이 더 무서우니까 말일세. 이러니 전쟁이 나도 싸울 사람이 없어 진퇴양난에 빠지네.

아데이만토스 그렇군요.

소크라테스 그리고 이런 국가의 국민들은 쓸데없이 할 일이 많네. 남편이면서 군인이어야 하고, 상인 노릇도 해야 하네. 모든 일을 혼자 처리해야 하니 고달파져 생활은 중구난방이 되지. 욕심쟁이들은 배를 불리지만 가난한 사람들은 고독한 빈민으로 전락하네.

아데이만토스 그렇습니다.

소크라테스 그런데 말이네, 신은 날개 달린 수벌들에게는 침을 주지 않았지만 그렇지 않은 수벌들에겐 침을 주지 않았는가? 침 없는 벌들은 평생을 노고와 고통 속에 헤매지만, 침이 있는 벌들은 남의 것을 빼앗을 게 분명하지. 이런 체제에서는 소수의 지배층을 제외하곤 모든 시민이 거지와 도둑이 돼 온 나라가 피폐해질 걸세.

아데이만토스 사실 그렇겠습니다.

소크라테스 이것이 다 제도의 잘못 때문이네. 적절한 교육과 훈련이 부족한 탓이지. 과두 체제의 결함은 이외에도 많을 걸세. 하지만 이 정도로 하고 이와 비슷한 인간의 유형에 대해 알아보기로 하세.

아데이만토스 그렇게 하시죠.

소크라테스 아데이만토스, 명예욕에 눈먼 사람이 과두 체제에 어울리는 인간으로 바뀌는 과정은 이렇네. 여기 장군에게서 태어난 아들이 있다고 치세. 이 아들은 아버지의 뒤를 이어 열심히 살려고 하지만, 어느 날 가정이 풍비박산되면서 비참한 지경에 빠지네. 아버지가 어떤 음모에 연루돼 사형이나 추방형 같은 걸 받고 재산도 몰수당하는 거지.

아데이만토스 그래서요?

소크라테스 이 모든 것을 지켜본 아들은 두려움에 못 이겨 자신의 마음에 있던 명예욕이나 기백 같은 정신을 제거하고, 인색한 욕심꾸러기가 돼 돈벌이에만 전념하네. 이런 자의 영혼엔 부에 대한 욕망만 꽉 차 있지. 그는 더욱 돈을 많이 벌고, 대중들은 이러한 그에게 찬사를 아끼지 않네. 과두 체제에 적합한 인물이 탄생하는 걸세.

아데이만토스 그렇군요.

소크라테스 이런 사람들은 정직한 사람이라는 평을 듣기 위해 돈벌이 이외의 일엔 욕망을 억제한다는 특성이 있지. 이성의 명령을 받아서가 아니라 돈 쓰기가 아까워 그렇다네. 하지만 남의 것을 쓰는 데는 관대하네. 이러한 구두쇠야말로 과두 체제와 아주 잘 어울리는 사람이지.

아데이만토스 그렇습니다.

소크라테스 다음은 과두 체제가 어떻게 망하여 민주 체제로 바뀌는지 살펴볼 차례네.

아데이만토스 그렇습니다.

소크라테스 과두 체제를 지배하는 사람들은 재물에 의지해 권력을 유지하므로 돈에 매우 민감하네. 그래서 그들은 젊은이들의 낭비벽을 부추겨 수단과 방법을 가리지 않고 돈을 끌어 모으지. 젊은이들은 무절제에 빠져 타락의 길을 걷게 되고 지배자들은 더 한층 그들의 지위를 공고히 하네. 돈이 없어 시민권까지 박탈당하는 지경에 이르면 사람들의 증오는 점점 더 들끓어오르지. 모반과 혁명의 기운이 싹틀 토양이 마련되는 걸세.

아데이만토스 그렇겠군요.

소크라테스 하지만 돈벌이에만 혈안이 돼 있는 사람들은 계속 안하무인의 태도로 그들을 착취하네. 지배층의 자녀들은 온갖 호사를 누리며 쾌락에 탐닉하고, 게으르며 나약해지네. 악은 불길처럼 번지고 덕은 실종돼버린 지 오래여서, 사람으로 치면 중병에 걸린 것처럼 돼버리지.

아데이만토스 그렇겠습니다.

소크라테스 내분은 이제 피할 수 없는 수순이 돼 체제가 무너지게 되네. 국민의 다수를 차지하고 있는 가난한 자들은 부자들을 죽이거나 국외로 추방하지. 시민권을 회복하고 모든 것을 평등하게 관리하네. 관직마저 추첨을 통해 할당하게 되면 그때 비로소 민주 체제가 등장하게 되는 걸세.

아데이만토스 그렇군요.

잘못된 국가 체제: 민주 체제

아데이만토스 그렇다면 민주 체제는 어떤 국가인가요?

소크라테스 초기엔 해방의 기운이 넘쳐날 걸세. 자유를 구가하면서 마음대로 말하고 행동하게 되지. 그러므로 이런 나라에서는 잡다한 일들이 벌어지네. 어떻게 보면 가장 아름다운 나라로 보일 수도 있을 걸세. 다양한 빛깔의 천은 누가 보기에도 아름다워 보이는 법 아니겠나?

아데이만토스 그렇습니다.

소크라테스 그러므로 국가의 체제를 연구하기에는 이러한 나라가 아주 적당하네. 사람들이 마음대로 행동하기 때문에 온갖 종류의 체제들이 난무한다고 봐도 틀림없네. 따라서 국가를 세우려는 사람들은 반드시 이러한 체제를 견학해야 하네.

아데이만토스 표본으로 삼기에는 부족함이 없을 것 같습니다.

소크라테스 이러한 국가에서는 억압받을 일이 없으므로 뭐든 마음대로 할 수 있네. 싸워도 좋고 쉬어도 좋네. 남을 심판할 수도 있고 관리가 될 수도 있네. 무엇도 강요하지 않으며 아무도 강제당하지 않네. 정말로 신나는 세상 아닌가?

아데이만토스 당장은 그렇겠습니다.

소크라테스 아무도 관여하지 않으므로, 심지어 유죄판결을 받아도 버젓이 돌아다닐 수 있네. 참으로 너그러운 체제여서 누가 통치하든 시비 걸지 않지. 다만 대중들의 편에 서서 손만 들어주면 만사형통인 체제가 이 체제네.

아데이만토스 사실 그렇습니다.

소크라테스 이러한 나라는 겉만 보면 매우 훌륭해 보이네. 그러나 조금만 가까이 다가가 보면 온갖 무질서와 혼란을 발견할 수 있네. 능력의 여부를 따지지 않고 누구에게나 똑같이 '평등'이라는 미약을 분배하지.

234

아데이만토스 그건 익히 알려진 사실입니다.

소크라테스 그럼 이러한 체제와 유사한 인간의 성격은 어떻게 탄생하는지 알아보세. 과두 체제에서 교양 없이 길러진 젊은이가 있네. 이 젊은이는 머릿속에 든 것도 없이 욕망만 가득하여 쾌락에 탐닉하지. 그래서 야수와 사귀게 되었을 때, 이 젊은이의 내면에선 변혁의 조짐이 싹트게 되네. 과두 체제에서 민주 체제로의 변화를 갈망하는 싹이.

아데이만토스 틀림없습니다.

소크라테스 이 싹은 외부의 욕망과 만났을 때 줄기를 올리고 가지를 치게 되지. 그래서 이 젊은이의 내부에 과두 체제적인 것이 힘을 얻어 세를 떨칠 땐 자기 자신과 싸움을 벌이게 되네. 과두 체제적인 것과 민주 체제적인 것의 이 싸움은 밀고 당기는 과정을 거쳐 하나의 거대한 욕망으로 굳어지네. 이 욕망이 자신의 내면을 꽉 채워 그 자리엔 어떤 지혜도 들어설 수 없게 되지. 허세에 싸인 풍문과 의견들만 그의 영혼을 장악하고 있어 마침내 무례해지고 오만해지기까지 하네. 배운 것이 없으므로 혼란을 자유로 알게 되고 낭비를 호방함으로, 염치없음을 용기로 착각하며 제멋대로 처신하지.

아데이만토스 필시 그렇게 될 것입니다.

소크라테스 이런 사람은 끝없는 욕망에 시달리며 자기 자신을 달달 볶네. 어떤 때는 술에 취해 흥청망청하다가 어떤 때는 몸 관리에 열중하기도 하고 어떤 때는 하루종일 누워만 있기도 하네. 그런가 하면 철학에 몰두하기도 하고 정치적 토론에 참여해 장광설을 늘어놓기도 하지. 그의 내면엔 어떤 질서와 규율도 없네. 그는 이러한 삶을 복되고 자유롭다고 착각하며 사네.

아데이만토스 사실입니다.

잘못된 국가 체제: 참주 체제

소크라테스 이제 마지막으로, 참주 체제와 그러한 유형의 인간에 대해 알아보는 일이 남았네.

아데이만토스 그렇습니다.

소크라테스 참주 체제 역시 민주 체제에서 나온다고 봐야겠지? 다른 체제들이 그랬던 것처럼.

아데이만토스 어떻게 말입니까?

소크라테스 방종과 무질서가 민주 체제를 파멸로 이끌 것이라고 생각되지 않나? 욕망의 속성에 따라 자유는 더 큰 자유를 원하게 되네. 그래서 어떤 지배자가 나타나 그들의 자유를 원하는 것만큼 허락해주지 않으면 그를 비민주적인 인물이라고 비난하게 되지. 지배자에게 순종하는 자를 가리켜선 노예같은 놈이라고 욕할 것이고. 이렇게 되면 누가 지배하고 누가 지배당하는지 몰라 혼란은 극에 달할 걸세.

아데이만토스 그렇게 될 것입니다.

소크라테스 이러한 무질서는 개인의 가정에까지 스며들어 마침내

무정부 상태를 만들겠지. 아버지가 아들을 두려워하게 되고, 아들은 아버지를 무시하게 될 걸세. 자유가 질서를 위협해 혼혈인이든 이방인이든 그리스인처럼 동등해지지. 학교에서도 선생이 학생을 두려워하게 되고, 학생은 선생을 얕잡아 볼 것이네. 이러한 기운이 만연하면 어떻게 되겠는가? 국민들은 매우 예민해져 작은 일에도 분노를 폭발할 걸세. 법도 상식도 없는 세상이 돼 결국은 체제가 무너지게 된다네. 이로써 참주가 등장하게 되지.

아데이만토스 당연한 귀결입니다.

소크라테스 자유의 극한은 필연적으로 예속이라는 굴레를 낳지.

아데이만토스 맞습니다.

소크라테스 그런데 민주 체제에서 우리가 알아두어야 할 일이 있네. 이 체제가 발전하다보면 사람들은 세 부류의 계급으로 나뉘네. 우선 가장 힘이 강해 멋대로 날뛰는 계급이 있네. 이들은 파벌을 지어 최대의 자유를 누리면서 정권을 장악하고 있지. 다음으론 부자들의 계급이 있는데, 이들은 돈벌이에 관심이 많아 항상 재물을 모으지. 그렇긴 하지만 수벌(지배자)들에게 착취당하는 자들이네. 자신이 모은 꿀을 뺏기는 자들이지. 마지막으로 민중으로 분류되는 계급의 사람들이 있는데, 재산도 별로 없어 손수 밥벌이를 하는 사람들이네. 이들은 돈도 권력도 없지만 힘을 합치면 무서운 세력이 되지.

아데이만토스 그렇습니다. 그러나 꿀을 분배받는 한 그들은 힘을 합치려 들지 않겠죠.

소크라테스 그렇네. 그들은 늘 꿀을 얻어먹네. 지배자들이 부자들로부터 꿀을 빼앗아 이들에게 주거든. 그래서 부자들은 늘 불만에 싸여 자위책을 세우기에 골몰하지만, 그럴 때마다 수벌과 결탁한 민중이 무서워 눈치를 보곤 하네. 하지만 이런 구도도 오래 가지는 않을 걸세. 수벌의 착취에 시달리던 부자들은 과거의 과두 체제를 그리워하며 변혁을 모색하고, 이를 핑계로 소위 민중의 지도자라고 하는 자들과 결탁하게 되지. 참주는 이런 과정을 거쳐 탄생하게 되네.

아데이만토스 사실입니다.

소크라테스 그럼 이제 참주 체제의 국가에 대해 알아보세. 참주의 등장은 자못 화려하네. 그는 민중의 지지를 업고 등극한 군주처럼 행세하면서 누구에게나 환심을 사려고 노력하지. 친절하고 인자한 미소를 띠며 자신이 폭군이 아니라는 것을 각인시키려고 애쓰네. 빚도 탕감해 주고 토지도 분배하면서 민중들을 안심시키지. 또 제거해야 할 정적과 화해할 동지를 구분해 때로는 싸움을, 때로는 선동을 획책하며 민중이 늘 자신을 필요로 하도록 만드네.

아데이만토스 그렇습니다.

소크라테스 그러나 그 참주의 의도를 민중들은 알지 못하네. 참주는 민중들이 눈치 못 채게 조금씩 적대세력을 제거하면서 자신의 세력을 강화하고, 급기야는 민중을 탄압하는 지경에까지 이르네.

아데이만토스 그렇겠군요.

소크라테스 자신의 권력이 확고해질수록 그는 자신의 주위를 날카롭게 둘러보게 되네. 그의 날카로운 눈초리는 날이 갈수록 심해져 누가 용감하고 누가 부자인지, 누가 현명하고 누가 고귀한지를 끊임

없이 살피네.

아데이만토스 참으로 기이한 운명이군요.

소크라테스 그렇네. 그래서 그는 자신을 지키기 위한 호위대를 결성하고 그들을 부양하기 시작하네. 호위대는 규모가 점점 커져 나중에는 외국에서까지 용병을 사들이게 되지. 그런데 이 비대해진 군대를 그는 무엇으로 양육할지 상상해보게.

아데이만토스 신전부터 손을 대 성스런 재물이 있다면 가만 놔두지 않을 겁니다. 그 다음엔 시민권을 박탈당한 사람들의 재산에 손을 댈 것이고, 급기야는 민중들에게 무거운 세금을 물려 착복하겠죠.

소크라테스 그래도 부족하다면 어떻게 되겠는가?

아데이만토스 아마도 민중을 더욱 착취하게 될 겁니다. 그것 외엔 방법이 없으니까요.

소크라테스 그렇네. 그는 이제 자신의 오늘을 있게 한 그 아버지와 같은 민중을 협박하고 재물을 갈취할 걸세.

아데이만토스 뒤늦게 자신들이 아주 해괴한 동물을 키워왔다는 것을 알게 된 민중들은 땅을 치며 후회하겠죠.

소크라테스 이렇게 해서 그는 부모를 살해한 자, 패륜아가 되네. 이것이 참주의 본모습이고 참주 체제의 말로네.

아데이만토스 옳은 말씀입니다.

제9권

지혜를 사랑하는
사람들의 왕국

현명한 인간이라면 자신의 고귀한 목적을 위해 평생을 바칠 걸세. 학문을
귀히 여겨 심신을 바로 닦고 야만성을 길들여 사악한 즐거움에 빠지지 않도
록 절제하지. 재물을 취할 때도 분에 넘치지 않도록 주의하고 세상의 그릇
된 찬사에도 휩쓸리지 않을 걸세. 그는 늘 자신의 세계를 관조하며 살 걸세.

참주 체제의 탄생과 참주의 본모습에 대한 논의에 이어, 참주 체제의 유형에 해당하는 인물은 어떠한 사람인지 조망한다. 계속해서 소크라테스와 아데이만토스가 대화를 이어간다.

가장 불행한 인간: 참주

소크라테스 이제 참주 체제 유형의 인물이 어떻게 민주 체제에서 나오고, 그 사람은 어떠한 성향을 지니고 있는지 알아봐야겠네.

아데이만토스 그럴 차례입니다.

소크라테스 우선 민주 체제에 맞는 사람이 어떤 사람이라고 말했었는지, 기억을 잠시 환기해봐야겠네. 그는 욕심 많고 인색한 아버지에 의해 양육됐네. 그의 아버지는 재산을 모으는 데는 열심이었지만 오락이나 사치를 일삼지는 않았지. 하지만 그의 아들은 사치스럽고 오만한 사람들과 어울리면서 스스로 방자하게 구는데 이는 아버지에 대한 미움 때문이었네. 그러나 자신을 타락시킨 자들보다는 선량하여 양쪽의 중간쯤에 해당하는 기질을 갖게 되었지. 이렇게 해서 민주 체제에 어울리는 인간이 나오게 됐어. 자, 그럼 세월이 흘러 그가 자식을 갖게 되었다고 상상해 보세. 그의 아들 또한 아버지의 기질을 타고 났다고 볼 수 있을 걸세.

아데이만토스 물론입니다.

소크라테스 따라서 그의 아들 역시 방탕한 생활을 하게 되었을 걸세. 그의 아버지나 친지들은 그보다 조금은 절제돼 있어 그를 바로 잡으려 했겠지만, 이미 타락한 그를 개선시키기에는 무리였을 거네. 자유의 탈을 쓴 욕망들이 그를 장악했을 테니까. 그는 자제심을 잃고 자유가 가져다준 쾌락에 몸을 맡기며 행여라도 남아 있을 내면의 수치심마저 깨끗이 청소해버리지. 그래서 그의 영혼은 광기로 가득 차 주지육림의 늪으로 격렬하게 몰락해가네.

아데이만토스 그것이야말로 참주의 본모습입니다.

소크라테스 무제한의 욕망이 그를 집어삼키면서 수많은 까마귀 새끼들이 되어 먹이를 달라고 아우성치네. 그는 남의 재물을 빼앗아 욕망을 충족하고, 신의 집기를 끌어내며, 아버지의 재산을 탐내 가정을 파탄에 몰아넣지. 타락한 영혼은 점점 더 끔찍한 행동을 유발해 살인까지도 저지르게 하네.

만신창이가 된 그의 심신은 의혹과 불안에 사로잡혀 아무도 믿지 않으면서 자학적인 쾌감에 몸을 떠네. 그에겐 친구도 없고, 따라서 참된 우정도 없으며 자유마저도 없네.

아데이만토스 그렇습니다.

소크라테스 이들은 부정한 사람이고 사악한 악당이네. 우리가 내린 정의의 해석이 맞다면 말일세.

아데이만토스 분명히 그렇습니다.

소크라테스 이러한 인물이 지배자가 되면 나이를 먹을수록 더욱 큰 참주가 되고 폭군이 되지.

"그렇겠지요" 하고 답변을 가로채며 글라우콘이 끼어들었다.

소크라테스 그런데 글라우콘, 가장 사악한 인간은 가장 불행한 인간 아니겠나? 마찬가지 이치로, 가장 사악한 폭군이야말로 가장 불행한 인간 아니겠나?

글라우콘 사실 그렇습니다.

소크라테스 이러한 결론은 국가를 평가하는 데도 그대로 적용할 수 있을 걸세.

글라우콘 당연합니다. 저뿐만 아니라 누구든지 참주 체제의 국가를 가장 비참한 국가로 생각할 것입니다.

소크라테스 그러니 국민들은 어떻겠는가? 그들 또한 가장 비참하지 않겠는가?

글라우콘 그렇습니다.

소크라테스 개인과 국가의 형편이 이러하다면, 개인의 영혼에 대해서도 같은 방식으로 말할 수 있을 걸세. 인간의 영혼 속에 있는 선한 부분이 악한 부분에 지배받으면, 좋은 성질들은 질식하고 나쁜 성질들만 남아 그의 영혼을 잠식하겠지.

글라우콘 사실입니다.

소크라테스 그러한 영혼을 지닌 인간은 어떤 심정을 갖고 있을까? 자유인의 심정을 갖고 있을까, 노예의 심정을 갖고 있을까?

글라우콘 노예의 심정을 갖고 있겠죠.

소크라테스 그렇다면 참주의 지배를 받고 있는 영혼들도 노예의 심정을 갖고 있다고 봐야겠네.

글라우콘 그렇습니다.

소크라테스 이런 국가와, 이런 국가의 개인은 언제나 궁핍하고 언제나 두려울 걸세. 그러나 아직도 가장 비참한 사람은 남아 있네.

글라우콘 누구인가요?

소크라테스 이제부터 말하려는 사람일세. 어쩌면 이미 말했는지도 모르지만.

글라우콘 말씀해주십시오.

소크라테스 한 나라의 폭군이 될 운명에 처한 자, 참주의 운명을 타고난 자가 그 사람이네. 많은 노예를 가진 부자의 예를 들어 말해 보겠네.

글라우콘 많은 노예를 가졌다면 부자나 폭군이나 다를 게 없겠죠. 폭군이 좀더 많은 노예를 가졌다는 차이만 있을 뿐.

소크라테스 얼핏보면 그 부자는 매우 평온해 보이네. 노예들에 대한 두려움이 없으니까.

글라우콘 물론이지요.

소크라테스 왜 그런지 아나?

글라우콘 국가에서 그를 보호하고 있기 때문이죠.

소크라테스 그렇네. 그런데 어느 날 신이, 그와 그의 가족들 그리고 50명의 노예들을 한꺼번에 들어올려 허허벌판에 내려놓았다고 가정해보세. 노예와 그의 가족 외에는 아무도 없어서 설사 무슨 일이 있다 해도 그를 도와줄 사람 하나 없는 그런 곳이네. 그의 마음은 어떻겠는가? 노예들이 반란을 일으켜 자기와 가족들을 해치지나 않을까 두려워하지 않겠는가?

글라우콘 몹시 두려워할 겁니다.

소크라테스 그는 결국 노예들의 눈치를 보지 않을 수 없겠지. 노예들의 비위를 맞추기 시작하고, 몇몇 노예들을 충복으로 만들어 자유를 주고 자신의 안위를 도모하겠지. 그러면서도 점점 불안에 시달릴 거야.

글라우콘 그렇지 않으면 살아남기 힘들 테니까요.

소크라테스 그런데 상황이 꼬여 신이 노예들의 동조자를 이 사람 주변에 더 많이 이주시킨다면 어떻게 되겠나?

글라우콘 그는 더욱 불안해져 더 큰 두려움에 떨겠지요. 사방에서 감시를 받는 것과 같을 테니까요.

소크라테스 그렇네. 그는 마치 감옥에 있는 것이나 다를 바 없을 걸세. 이것이 참주의 실상이고 폭군의 실상이네. 그는 사람들이 두려위 집 밖에도 나갈 수 없네. 그의 발은 묶여 있는 것과 같아서 자유민의 지위조차 누릴 수 없지.

글라우콘 그럴 것입니다.

소크라테스 그가 단지 개인이기만 했다면 그의 불행은 좀더 작았을 수도 있네. 하지만 그는 폭군이 되어 더 큰 불행에 빠졌네. 자기자신도 지배할 수 없는 자가 많은 사람을 지배하게 되면서 생긴 비극이라고 할 수 있지. 이는 병든 몸으로 적과 싸우는 사람과 같네. 그렇다고 물러나 포기할 수도 없네.

글라우콘 선생님께선 참으로 적절한 비유를 들어 말씀해주셨습니다.

소크라테스 결국 그는 노예나 마찬가지네. 자기 자신의 노예요 민중의 노예지. 또한 충족할 수 없는 욕망 때문에 그는 늘 가난하네. 한마디로 그의 생애는 고통의 연속이라고 할 수 있네.

글라우콘 지각 있는 사람이라면 반박하지 못할 겁니다.

가장 행복한 인간: 지혜를 사랑하는 자

소크라테스 그럼 이제 판정을 내려보세. 다섯 종류 가운데 어느 체제가 가장 훌륭하고 나쁜지, 어느 체제의 국민이 가장 행복하고 그렇지 않은지를 말이야. 다섯 종류는 다음과 같네. 귀족 체제, 명예 체제, 과두 체제, 민주 체제, 참주 체제.

글라우콘 그 판정을 내리기란 매우 쉽습니다. 방금 선생님이 열거한 것들을 순서대로 인정하면 되니까요.

소크라테스 좋네. 이것은 첫번째 심판이고, 두번째로 심판받아야 할 것이 있네.

글라우콘 뭔가요?

소크라테스 우리의 영혼이 갖고 있는 세 가지 부분, 즉 지식을 얻는 것, 분노를 느끼는 것, 욕구를 느끼는 것에 대한 증명이 그것이네.

글라우콘 그렇군요.

소크라테스 욕구를 느끼는 것은 일반적인 욕망에 해당하는 것으로, 금전욕이나 애욕처럼 실리나 쾌락을 추구하는 경향이 있네.

글라우콘 그렇습니다.

소크라테스 분노를 느끼는 것은 기백이나 열정 같은 기질과 관련돼 있네. 지배욕이나 명예욕 등이 여기에 해당되지. 그래서 투쟁적이고 야심 많은 성향을 띠네.

글라우콘 그렇습니다.

소크라테스 지식을 얻는 것은 인간의 이성적인 부분과 관련돼 있네. 배움을 좋아하고 지혜를 사랑하는 성향이 그것이지.

글라우콘 그렇습니다.

소크라테스 사람들은 이들 가운데 하나의 지배를 받고 있네. 그래서 세 가지 부류로 나눌 수 있지. 즉 지혜를 사랑하는 자, 명예를 사랑하는 자, 돈을 사랑하는 자로 말이네.

글라우콘 그렇습니다.

소크라테스 이들 세 부류의 인간에게 어떤 삶이 가장 즐거운가 하고 물어본다면, 그들은 각자 자신의 삶이 가장 즐겁다고 답변할 걸세. 돈을 사랑하는 자는 명예나 지혜를 깎아내리겠지. 실속도 없이 허영심만 가득 차 있다고 말이야.

글라우콘 그렇겠습니다.

소크라테스 명예를 사랑하는 자도 그럴 걸세. 돈은 천하며, 지혜는 한낱 연기와 같아서 공허하다고 말이네.

글라우콘 그렇겠지요.

소크라테스 지혜를 사랑하는 자는 어떻겠나? 진리를 추구하는 즐거움에 빠져 다른 것들은 거들떠보지도 않을 걸세. 결국엔 무용지물에 불과할 뿐이라고 생각할 테니까.

글라우콘 틀림없는 사실입니다.

소크라테스 그렇다면 글라우콘, 이 중에서 어떤 삶이 가장 즐거울까? 다른 것은 따지지 말고 즐거움과 고통스러움의 관점에서만 보면 말일세.

글라우콘 글쎄요.

소크라테스 이를 판정하는 데는 어떤 기준이 있어야 할 걸세. 그 기준에 따라 판단해야 설득력을 얻을 것 아닌가? 나는 그 기준을 경험, 식견, 추론에 두고 싶네. 이 기준에 입각해 생각해보세. 혹시 더 나은 기준이라도 있는가?

글라우콘 아닙니다. 더 나은 기준은 없습니다.

소크라테스 그럼 먼저 경험의 관점에서 생각해보세. 세 부류의 삶

중 어떤 삶이 가장 즐거운지 말이네.

글라우콘 지혜를 사랑하는 자입니다. 그는 어려서부터 다양한 즐거움에 대해 학습한 자입니다. 돈을 사랑하는 자는 그 학습의 즐거움을 알지 못합니다. 깨우쳐 얻는 기쁨을 접해보지 못했을 테니까요.

소크라테스 명예를 사랑하는 자와 비교하면 어떤가?

글라우콘 명예의 즐거움은 명예를 사랑하는 자만의 몫은 아닙니다. 자신의 목표를 달성하면 누구든, 돈을 사랑하는 자든 지혜를 사랑하는 자든 명예의 즐거움은 맛볼 수 있습니다. 하지만 진리를 깨우치는 즐거움만은 지혜를 사랑하는 자의 몫입니다.

소크라테스 그렇다면 경험의 관점에서 볼 때 지혜를 사랑하는 자가 가장 큰 즐거움을 얻고 있다는 말이군. 그리고 그 경험은 식견을 지닌 자에 의해 더욱 빛이 나겠지? 식견 없이 어떤 판단을 내리기란 어려울 테니까.

글라우콘 그렇습니다.

소크라테스 그런데 이 판단은 어떤 능력에 의해 더욱 공고해지네.

글라우콘 어떤 능력을 말씀하시는 겁니까?

소크라테스 추론하는 능력, 즉 이성적 힘을 얘기하네. 이 힘의 도움 없이 훌륭한 판단을 내리기란 불가능하네.

글라우콘 그렇습니다.

소크라테스 그런데 이성적 사유는 오로지 지성을 사랑하는 자의 도구네. 그의 몫이지.

글라우콘 물론입니다.

소크라테스 돈과 명예만 따진다면 돈을 사랑하는 자와 명예를 사랑하는 자가 가장 즐겁겠지만, 경험과 식견에 더해 추론으로 그것을 따진다면 지혜를 사랑하는 자, 철학자가 가장 큰 기쁨을 얻으며 살고 있네. 지적 쾌락을 추구하는 자의 삶이 가장 즐거우며, 실익만을 추구하는 자의 삶이 가장 즐겁지 못하네.

글라우콘 그렇습니다.

순수하며 진실한 것: 지혜를 사랑하는 자의 쾌락

소크라테스 이제 마지막으로 심판받아야 할 것이 남아 있네. 지혜를 사랑하는 자의 쾌락 외에는 어떠한 쾌락도 순수하지 못하며 진실하지 못하다는 것을 증명해야 하는 것이지.

글라우콘 만만치 않은 과제군요. 선생님은 어떻게 그것을 증명하시겠습니까?

소크라테스 내 질문에 답변해주게. 쾌락과 고통은 대치되는 것이네. 그런데 이 쾌락과 고통 사이에 어떤 것이 있다고 상상해 보세. 그럴 수 있지?

글라우콘 그렇습니다.

소크라테스 그건 일종의 휴식 상태와 같은 것이네. 건강한 사람이 병이 났을 때, 자네는 그 사람이 어떤 생각을 할 것 같은가?

글라우콘 글쎄요. 어떤 생각을 할까요?

소크라테스 건강함보다 더한 즐거움은 없다고 생각할 걸세. 병이 들기 전에는 상상도 할 수 없었던 것이지. 즉 고통을 겪고 있을 때는, 고통을 면하는 것보다 큰 즐거움은 없을 것이라고 생각한다네.

글라우콘 그렇습니다. 편하게 휴식할 수 있는 것만으로도 즐거울 겁니다.

소크라테스 그러니까 고통이 있는 자에게는 휴식이 즐거움이네. 그런데 고통이 사라지면 어떨까? 휴식이 여전히 즐거울까? 고통스럽지 않을까?

글라우콘 괴롭겠지요.

소크라테스 즉 휴식은 쾌락일 수도 있고 고통일 수도 있네. 그러므로 쾌락과 고통의 중간 상태가 휴식이라고 할 수 있지. 한데 이것은 논리적으로 볼 때 모순이네. 쾌락이 고통이기도 하고 고통이 쾌락이기도 하니 말일세. 쾌락의 입장에서 보면 이는 속임수에 지나지 않지. 여기서 우리는 상대적 쾌락이 아닌, 그 자체로서 순수한 쾌락을 생각해볼 필요가 있네.

글라우콘 어떤 쾌락을 말씀하시는 겁니까?

소크라테스 가령 냄새를 맡게 됨으로써 얻는 쾌락 같은 것 말이네. 좋은 냄새를 맡고 쾌감을 얻는 일은 고통과 상관없이 일어나네. 즉 이 쾌락은 고통의 정지에서 기인하는 것이 아니라 순수한 것이네. 육체적 감각을 통해 얻는 대부분의 쾌락이 이와 같다네. 고통과는 관련이 없네.

글라우콘 그렇습니다.

소크라테스 그래서 쾌락이나 고통에 대한 기대, 예측이 문제가 된다네. 다른 비유를 들어 얘기해볼까? 산을 생각해보세. 높은 곳도 있고 낮은 곳도 있으며 중간쯤 되는 곳도 있네. 사람에 따라서는 중간쯤 되는 곳만 올라가도 높이 올라갔다고 생각할 수 있을 걸세. 더 높은 곳이 있다는 것을 몰랐을 경우 말이네. 이 모든 것은 무지에서 발생하는 걸세. 진짜 높은 곳, 더 높은 곳이 있다는 것을 모르면 그렇게 되네.

글라우콘 그렇습니다.

소크라테스 그러므로 글라우콘, 진리를 모르는 자들이 이와 같네. 그들은 쾌락이나 고통, 쾌락과 고통의 중간상태에 관해 무지하므로 착각을 하고 있네. 참된 쾌락을 알지 못해 고통과 고통 없는 상태를 혼동하고 대립시키네. 무지와 어리석음 때문이지.

글라우콘 그렇습니다.

소크라테스 배고픔이나 갈증이 육체의 결핍 상태를 의미한다면, 무지와 어리석음은 영혼의 결핍 상태를 의미하네.

글라우콘 지당하신 말씀입니다.

소크라테스 그러므로 결핍을 해소하려면 빵을 먹거나 지식을 섭취해야 하네. 둘 다 우리에게 만족을 주지. 그러나 어느 쪽이 더 큰 만족을 주는 걸까? 어느 쪽이 더 지속적이며 궁극적인지 생각해 보면 알지 않을까? 즉 어느 쪽이 더 순수한지, 어느 쪽이 더 불멸에 가까운지 말이야.

글라우콘 영혼의 만족을 주는 쪽입니다.

소크라테스 그것은 지식과 관련돼 있지. 또 진리와 관련돼 있기도 하고.

글라우콘 그렇습니다.

소크라테스 반대로 진리와 관련이 적은 것은 순수함과도, 불멸성과도 관련이 적겠지.

글라우콘 물론입니다.

소크라테스 그렇다면 영혼보다는 육체가 그 본성에 있어 진리와 멀리 떨어져 있다고 볼 수 있지 않겠나?

글라우콘 그렇습니다.

소크라테스 멀리 떨어져 있는 것은 진실하게 충만되기 어렵네. 충만이 쾌락이라면, 육체적 삶은 진정한 쾌락으로부터 가장 멀리 떨어져 있다고 볼 수 있을 걸세. 그래서 향락에 의지해 방황하는 삶은 산의 아래쪽에서만 맴도는 것과 같다고 할 수 있네. 그들은 위쪽을 알지도 못하고 가본 적도 없네. 그러므로 위가 있다는 사실조차도 모르지. 참된 쾌락을 맛본 적이 없으므로 진정한 쾌락이 무엇인지도 모르네. 언제나 아래만 보고 있다가 먹을 것을 주워 먹는 형국이지. 그러면서 서로 더 많이 차지하려고 치고받네.

글라우콘 정확한 지적이십니다.

소크라테스 그들의 쾌락은 고통과 뒤섞여 있네. 진리의 허상만 쫓아다니면서 그림자의 명암이 교차할 때마다 일희일비하지. 하지만 철학자의 마음으로 영혼을 무장하고 있다면 우리의 정신은 완벽하게 제 기능을 수행하네. 지식이 기백을, 기백이 욕구를 절제토록 하며 조화롭게 하지. 그래서 참된 쾌락을 맛보게 한단 말이네.

　　이어서 소크라테스는 참주의 삶에 대해 다시 한번 언급한다. 모든 삶 중에서 참주의 삶만큼 즐거움과 멀리 떨어져 있는 것은 없다며 그 즐거움의 양을 수식으로 계산해 보여준다. 그에 의하면 참주는, 이상국가의 왕보다 729배나 더 괴로운 삶을 살고 있는 것으로 밝혀진다. 소크라테스는 말한다.

이상국가: 지혜를 사랑하는 사람의 왕국

소크라테스　여기까지 왔으니 이제 처음에 했던 말을 다시 돌이켜보세. 악인임에도 선량한 자로 인정받고 있는 자에게 있어, 악은 이익이라는 주장 말이네.

글라우콘　그렇게 말한 적이 있습니다.

소크라테스　그럼 부정을 행하는 것과 정의를 행하는 것이 어떤 결과를 낳는지 알아보기로 하세. 논의의 편의를 위해 영혼의 형상을 하나 떠보겠네.

글라우콘　어떻게 말입니까?

소크라테스 우선 세 개의 형상을 만들어보세. 짐승의 모습을 가진 형상 하나, 사자의 모습을 가진 형상 하나, 인간의 모습을 가진 형상 하나를 만들어 순차적으로 크기를 달리하네. 짐승의 형상이 가장 크고 인간의 형상이 가장 작네. 이제 이 세 형상을 한데 모아 영혼이라는 공간에 집어넣는 걸세. 그리고 그 위에 사람의 모습을 씌우네. 이렇게 하면 한 사람의 영혼 안에 세 개의 형상이 들어가 있다고 볼 수 있네. 그렇지?

글라우콘 그렇습니다.

소크라테스 그러면 부정을 행하는 것이 이롭고 정의를 행하는 것이 이롭지 않다고 주장하는 사람에게 이처럼 말해보세. "당신의 주장은 이렇소. 짐승의 형상이나 사자의 형상은 잘 먹어 강하지만 인간의 형상은 못 먹어 피골이 상접하오. 그 이유는 인간의 형상이, 짐승과 사자의 형상을 제어 못하고 그들끼리 물어뜯고 잡아먹히도록 방치했기 때문이오"라고 말이네.

글라우콘 부정한 짓을 찬양하는 자는 틀림없이 그렇게 말할 겁니다.

소크라테스 다음에 정의를 행하는 것이 이롭다고 주장하는 자에게는 이렇게 말해 보세. "인간의 형상이 짐승의 형상을 보살펴 사나움을 순치시키고, 사자의 형상을 다독여 사이좋게 지내도록 하는 것이 최선이오." 이렇게 말이네.

글라우콘 정의로움을 찬양하는 자 역시 틀림없이 그렇게 주장할 겁니다.

소크라테스 이로 미루어볼 때, 정의를 찬양하는 사람은 진실을 말하는 것이지만 부정을 찬양하는 사람은 거짓을 말하는 것이네. 쾌락이나 명성, 유익함에 대해서도 정의를 찬양하는 사람은 진실을 말하는 것이지만, 부정을 찬양하는 사람은 거짓을 말하는 것이지. 그는 자신이 무엇을 비난하고 있는지도 모르면서 비난하기 때문이네.

글라우콘 사실 그는 무엇을 말하는지도 모르면서 말하고 있습니다.

소크라테스 그렇다면 우리는 그에게 이렇게 말해볼 일이네. 훌륭한 행위는 우리 안의 야만적 성향을 신적인 것에 종속시키지만, 추한 행위는 선한 성향을 짐승 같은 것에 예속시킨다고 말일세. 이 말에 그가 반박할까?

글라우콘 동의할 것입니다.

소크라테스 그러므로 자신의 훌륭한 부분을 추한 것에 종속시켜 이득을 취한다면 그것은 정의로운 일이 아니네. 제 자식을 팔아 황금을 얻고 이익을 남겼다면, 그게 어디 좋아할 일이겠는가?

글라우콘 부끄러운 일입니다.

소크라테스 이런 일이 일어나는 것은 인간의 영혼 안에 도사리고 있는 짐승들의 행패 때문이네. 안 그런가?

글라우콘 그렇습니다.

소크라테스 교만이나 사치, 아첨이나 노예근성 등 모든 비난받을 악덕 또한 이로 인해 비롯되는 것이네. 자기 안의 짐승들을 다스리기는 고사하고 그들의 비위나 맞추면서 아부하기 때문이지.

글라우콘 그렇습니다.

소크라테스 그러니 글라우콘, 부정을 행하는 것은 결코 이익이 되지 않네. 이것으로 돈이나 권력을 얻을 수는 있을지 모르지만, 그것은 더욱 스스로를 악하게 만들 뿐이네.

글라우콘 필히 그렇습니다.

소크라테스 그의 부정이 발각되지 않는다 해도 그것은 이익이 아닐 걸세. 오히려 은폐되면 될수록 그는 더욱 악해지네. 차라리 발각되어 벌을 받는 것이 그의 정신건강을 위해서는 훨씬 이로운 일이네. 야만성이 순치될 기회를 얻고, 영혼은 다시 그 본성을 찾게 될 테니까.

글라우콘 옳은 말씀입니다.

소크라테스 현명한 인간이라면 자신의 고귀한 목적을 위해 평생을 바칠 걸세. 학문을 귀히 여겨 심신을 바로 닦고 야만성을 길들여 사악한 즐거움에 빠지지 않도록 절제하지. 재물을 취할 때도 분에 넘치지 않도록 주의하고 세상의 그릇된 찬사에도 휩쓸리지 않을 걸세. 그는 늘 자신의 세계를 관조하며 살 걸세. 무질서나 태만이 침입하지 않도록 경계하며 혼란을 방비하겠지.

글라우콘 그런 사람은 정치를 하지 않을 겁니다. 그런 혼란이 염려된다면 말입니다.

소크라테스 그렇네. 신의 부름을 받지 않는 한, 그는 마음의 왕국에서만 정치하려 할 거네.

글라우콘 맞습니다. 그는 스스로 세운 이상국가에서만 통치하려 할 겁니다. 이상국가는 지상의 어디에도 없을 테니까요.

소크라테스 하늘에 있네. 원하는 자의 눈에는 그 국가가 보이네. 그는 그 하늘에 살며 현실과 타협하지 않을 걸세. 그 밖의 것은 본받으려 하지 않을 테니까.

글라우콘 동감입니다.

제10권

시인 추방론과 영혼 불멸설

우리는 이렇게 해서 사후의 일을 조금이나마 알게 되었네. 이 얘기를 믿는 한 우리는 구원받을 것이고, 망각의 강을 무사히 건너 그 영혼을 더럽히지 않을 걸세. 영혼이 죽지 않으며 선이든 악이든 감당해낼 수 있다고 믿는다면, 우리는 신의 뜻을 좇아 정의롭게 살면서 덕을 길러야 하네. 그것이 우리의 본분이며 신성을 느끼는 일이기도 하지.

소크라테스는 다시 교육의 문제로 화제를 돌려 시와 철학에 대해 언급한다. 소크라테스는 말한다.

시인 추방론

소크라테스 글라우콘, 우리가 세운 국가에서 시를 다룰 수 있다는 것에 대해 나는 고맙게 생각하고 있네.
글라우콘 무슨 말씀이신지요.
소크라테스 시에 있어 모방의 문제를 얘기하고 싶어 이러네. 영혼의 문제를 탐구해오는 동안 나는 깨달았네. 자네니까 하는 얘기지만, 이런 문제를 비극작가나 모방을 일삼는 자들과 얘기하기란 참으로 껄끄럽지. 그러나 자네와라면 편하게 얘기할 수 있을 것 같네. 시작 詩作에 있어 모방은 치명적이어서 청중에게 독이 되네. 이 독은 진리

262

라는 약에 의해서만 해독되지.

글라우콘 구체적으로 말씀해 주십시오.

소크라테스 난 일찍이 호메로스를 존경하고 사랑해왔네. 이 시인이야말로 어떤 비극작가들보다도 위대해서 가히 선구자라고 할 만하지. 그래서 이런 말을 하긴 거북하지만, 진리보다 중요한 것은 없을 테니까 말하기로 하겠네. 이봐 글라우콘, 모방이란 대체 뭐겠나? 실은 나도 잘 몰라서 말이야.

글라우콘 저로서는 더욱 요령부득이죠.

소크라테스 그러면 이제까지의 방식대로 이 문제에 접근해보세. 세상의 모든 사물들은 각자 하나의 형태나 관념을 갖고 있네. 예를 들어 여기 책상과 침대가 있다면 두 개의 관념 혹은 형태가 있는 셈이지. 안 그런가?

글라우콘 그렇습니다.

소크라테스 그래서 가구장이들이 책상이나 침대를 만든다면 이 관념에 따라 만든다고 볼 수 있네. 그러나 세상 그 누구도 관념 그 자체(실재)를 만들 수는 없네.

글라우콘 그렇습니다.

소크라테스 그런데 이와는 좀 격이 다른 제작자가 있네. 그는 이 세상의 모든 사물들을 만들 뿐만 아니라 신까지도 만들 수 있지.

글라우콘 아마도 마술사인 모양이군요.

소크라테스 그렇지 않네. 실은 자네도 이러한 제작자가 될 수 있네. 거울만 들고 빙글빙글 돌려도 그러한 일은 쉽게 해낼 수 있지. 땅이든 하늘이든, 거울을 갖다 대기만 하면 되니까.

글라우콘 하지만 그건 사물의 외관만 비출 뿐입니다.

소크라테스 바로 보았네. 자넨 문제의 핵심에 접근했어. 화가가 바로 그 외관을 창조하는 자라 할 수 있지.

글라우콘 그건 진짜 침대가 아닌데요.

소크라테스 가구장이의 침대도 마찬가지네. 그도 침대를 만들기는 하지만, 그렇다고 해서 실재實在(이데아)의 침대를 만드는 것은 아니지. 그는 단지 자신의 눈에 비쳐진 침대를 능력껏 만든 것에 불과하네. 그도 역시 모방자라는 뜻일세.

글라우콘 그렇군요.

소크라테스 그러니까 세상에는 단 세 종류의 침대만 있다고 할 수 있네. 하나는 신이 관여한 것으로서 최초의 침대라고 할 수 있는 것이 있지. 그 다음에 가구장이가 만든 것이 있고, 화가가 만든 것이 있네. 이 가운데 신이 만든 침대는 오로지 하나로서 이와 같은 침대는 영원히 만들 수 없네.

글라우콘 어째서죠?

소크라테스 만일 만들 수 있다면, 만드는 순간 '침대라는 이름의 침대'는 없어지기 때문일세. 침대라는 이름을 가진 침대 자체로서의 형상形相은 오직 하나여야 하기 때문이네. 그러므로 신이 만든 침대를 하나의 진품으로 보면, 가구장이의 침대는 아무리 잘 만들었어도 그 진품을 모방한 것에 지나지 않네. 이는 필연적으로 그럴 수밖에 없다는 말이네. 그렇다면 화가의 경우는 어떻겠나? 그를 창조자나 제작자로 볼 수 있을까?

글라우콘 그럴 수 없습니다.

소크라테스 그와 침대는 어떤 관계에 있지?

글라우콘 가구장이들의 침대를 모방한 자라고 봐야겠습니다.

소크라테스 그렇네. 그 화가는 실재로부터 세 단계나 떨어져 있는 모방자라고 봐야겠네. 시인 역시 그러하지. 이 모방자는 실재의 사물을 모방하는 것도 아니고 눈에 보이는 사물만을 모방하므로 열등하며, 진리에서 한참 떨어져 있네. 화가는 제화공도 그리고 목수도 그리지만, 그들의 기술에 대해 알지는 못하네. 그러므로 그는 어린아이들이나 어리석은 자들을 얼마든지 기만할 수 있네. 설사 그가 세상만물에 달통해 있다 하더라도 사정은 바뀌지 않네. 지식과 무지와 모방을 분별할 능력이 없기 때문이지.

글라우콘 그렇습니다.

소크라테스 우리의 비극작가인 호메로스도 이 점에선 예외가 아니네. 그 역시 세상만물과 세상사에 대해 모르는 게 없네. 신들에 대해서까지 아니까. 그럼에도 그는 어쩔 수 없이 진리로부터 세 단계나 떨어져 있는 모방자일 뿐이네. 원형도 만들 수 있고 그림자도 만들수 있는 능력이 있다면, 그 사람은 당연히 원형을 만들어야 하네. 그러나 그에겐 그럴 능력이 없지. 나는 호메로스에게 묻고 싶네. 그가 진리로부터 세 단계나 떨어져 있는 모방자가 아니라면, 그리하여 인류의 개선에 능력을 보일 수 있는 사람이라면 어떤 국가가 그 덕분에 훌륭해졌는지를 말이네.

글라우콘 그는 어떤 국가의 이름도 대지 못할 것입니다.

소크라테스 그렇다면 전쟁에 관해 질문해보면 어떨까? 그의 조언이나 도움에 힘입어 승리한 전쟁이 있었던가?

글라우콘 없었습니다.

소크라테스 기술이나 과학적 지식이 있어 어떤 발명이라도 했는가?

글라우콘 전혀 없습니다.

소크라테스 공적으로는 그렇다 쳐도, 혹시 사적으로 무슨 영향을 끼쳐 기념할 만한 생활 양식이라도 전수하였는가? 제자라도 길러냈는가 말이네.

글라우콘 그런 이야기도 들은 바 없습니다.

소크라테스 그도 결국 언어라는 물감을 가지고 시에 색칠한 화가에 불과할 뿐이네. 사람들은 그의 시에 운율과 박자를 붙여 환호하지만 음악적 색채를 거두어버리면 공허함만 남을 걸세. 이는 마치 청춘을 내세워 사람들의 시선을 끈 사람의 얼굴이 노인이었다는 것과 같네.

글라우콘 사실입니다.

소크라테스 그는 결국 그림자의 제작자이며 외관만 알 뿐, 존재의 본모습에 대해서는 무지했다고밖에 볼 수 없네.

글라우콘 그렇습니다.

소크라테스 하지만 여기서 멈춰서는 안 되겠네. 우린 아직 문제의 절반밖에 얘기하지 않았으니까.

글라우콘 어서 말씀하십시오.

소크라테스 화가는 말의 고삐나 재갈을 그릴 수 있지만 그것의 올바른 형태나 용도에 대해서는 알지 못하네. 그것은 말을 타는 기수만이 알 수 있지. 원론적으로 그렇단 말이네.

글라우콘 그렇습니다.

소크라테스 그렇다면 이렇게 말할 수 있네. 모든 것엔 세 가지 기술, 즉 사용하는 기술과 만드는 기술 그리고 모방하는 기술이 있다고.

글라우콘 그렇습니다.

소크라테스 그렇다면 세상의 모든 것들, 생명 있는 것이건 없는 것이건 그것에 어떤 가치가 있다면 용도와 관련해서만 존재하는 것 아니겠나?

글라우콘 그렇습니다.

소크라테스 그러므로 각각의 것은 그것을 사용하는 사람이 제일 많은 경험을 갖고 있고 가장 많이 안다고 봐야 하네. 따라서 제작자가 어떤 물건을 만들 땐 사용자의 도움을 받아야만 어떤 견해를 갖게 되지. 가령 피리를 만드는 직공이라면 피리 부는 사람에게서 피리의 모양이나 성능에 대해 학습한 다음 작업에 임해야 되지 않겠나? 실제적 지식을 가지고 있는 사람은 사용자이고, 그 사용자는 피리 부는 사람일 테니까.

글라우콘 그렇습니다.

소크라테스 그런데 모방자는 어떤가? 자신이 모방하려는 대상에 대해 그것이 아름다운지 그렇지 않은지, 선악에 대해 진정한 지식을 갖고 있는가?

글라우콘 그렇지 못할 겁니다.

소크라테스 그 모방자는 자신의 작품에 대해서는 이해하고 있을까?

글라우콘 절대 그럴 리가 없습니다.

소크라테스 그럼 그는 선악에 대한 판단도 없이 그저 모방만 하는 사람에 지나지 않네. 그리하여 아름답게 보이는 것만 모방해서 대중들에게 내놓을 걸세.

글라우콘 정녕 그렇습니다.

소크라테스 이 정도면 모방자들이 그 모방 대상에 대해 아무것도 모르면서 모방한다는 데 합의를 본 셈이네. 모방은 장난이고 유희에 지나지 않네. 그리고 시인은 최고의 모방자지.

글라우콘 그렇습니다.

소크라테스 아까 우리는 모방이 진리에서 세 단계나 떨어져 있다고 말했네. 그렇다면 모방자들은 우리의 어떤 능력에 호소하는 것일까?

글라우콘 무슨 말씀인지요.

소크라테스 이렇네. 동일한 물체도 물 속에서는 구부러져 보이네. 일곱 색깔 무지개는 실체와 상관없이 우리 눈에 아름답게 보이네. 이처럼 우리의 마음속에서는 갖가지 혼란이 일어나지. 모방자가 기대하는 것이 바로 이것이네. 모두 인간의 마음이 심약하다는 증거일세.

글라우콘 그렇습니다.

소크라테스 그리하여 산수와 계량술이 우리를 구원하러 오네. 그것들은 크고 작음을 가려주고, 많고 적음을 가려주며, 무겁고 가벼운 것을 가려주네. 그것들은 아름답네. 그것들은 인간의 영혼에 합리적인 안목을 부여했네.

글라우콘 그렇습니다.

소크라테스 모방을 일삼는 인간의 시선은 같은 것을 다르다고 판단할 수 있지만, 수학적 원리는 그러한 실수를 하지 않네. 다시 말해 수학적 척도를 신뢰하는 인간의 정신은, 인간의 영혼에서 가장 우월한 영역에 속해 있다고 할 수 있지. 이와 반대되는 영역에 속해 있는 것들은 열등하네. 따라서 모방술은 열등하지. 이는 비단 시각예술에만 한정된 것은 아니네. 시의 모방술 또한 마찬가지로 열등하네. 이에 대해서도 마저 살펴봐야 할 것 같네.

글라우콘 그게 좋겠습니다.

소크라테스 시는 인간의 온갖 행위와 감정을 모방하네. 이 경우 한결같이 자신의 태도를 견지할 수 있는지 질문해봐야겠네. 시각의 경우에 그랬던 것처럼, 이때에도 인간은 혼란과 모순을 겪을 걸세. 같은 것을 다르게 판단하거나 옳은 것을 그른 것으로 판단할 수도 있지. 인간의 마음속에서 벌어지는 이 혼란과 대립에 대해서는 이미 많은 얘기를 했으므로 더 설명하지는 않겠네.

글라우콘 그렇습니다.

소크라테스 그런데 여기서 한 가지 추가할 것이 있네. 훌륭한 사람이라면, 소중한 것을 잃었을 때도 그 마음에 평정심을 잃지 않는다는 것일세. 그는 슬픈 상황에서도 쉽사리 감정을 노출하지 않네. 슬픔을 못 느껴서가 아니라 그의 이성이 저항할 것을 명령하기 때문이지. 이성은 그의 감정이 맞닥뜨린 상황에 대해, 그리고 운명 일반에 대해 냉철하고 현명하게 대처할 것을 주문하네. 그래서 어떤 상황에서도 감정적으로 대응하지 않네. 해야 할 일을 숙고하고, 숙고한 일을 실행함으로써 위기를 극복하지.

글라우콘 그것이 운명의 공격을 피하는 가장 확실한 방법입니다.

소크라테스 지혜의 영역은 자진하여 이성을 맞아들이지만, 그렇지 못한 정신의 영역은 감정에 휘돌리네. 그래서 불합리하고 무익하며 비겁하기까지 하지. 이것들이 시의 모방에 질료를 제공하네. 하지만 평정심을 유지하고 있는 이성은 쉽사리 모방에 동원되지 않네. 무슨 연회장이나 극장에 모여 있는 사람들의 감정에 대해 그는 관심이 없지.

글라우콘 그렇습니다.

소크라테스 그러므로 인기에 영합하는 시인은 정신의 합리적 원칙에 호소하지 않네. 그는 수월하게 모방할 수 있는 열정에 호소하지.

글라우콘 그렇습니다.

소크라테스 그는 진리와 동떨어진 작품을 제작한다는 측면에서 화가와 닮았고, 정신의 열등한 면을 다룬다는 점에서 화가와 닮았네. 이것이 그를 이상국가에서 받아들일 수 없는 이유네. 그는 잘못된 지배자처럼 인간의 감정을 조정해 이성을 해치며, 인간의 불합리한 심성에 영합해 그릇된 습성을 심어놓네. 더욱 나쁜 것은 그의 시가 선량한 사람들까지 망쳐놓는다는 걸세.

글라우콘 사실입니다.

소크라테스 만일 호메로스의 찬미자들이, 호메로스야말로 그리스의 교사이므로 인생에 대해 그에게 배워야 하며 그의 가르침에 따라 생활하지 않으면 안 된다고 주장하면, 그것까지는 좋네. 그 사람들도 최선의 생활방도를 찾고 있으므로 훌륭하게 봐줘야겠지. 호메로스가 위대한 시인이며 뛰어난 비극작가라는 데도 동의할 수 있네. 그러나 우리의 국가에서 받아들일 수 있는 것은 신을 찬양하고 훌륭한 인물들을 노래할 때뿐이네. 그렇지 않고 서정시건 서사시건 감정에만 호소하는 시를 받아들인다면, 우리의 이 국가에는 쾌락과 고통만이 넘쳐날 걸세.

글라우콘 틀림없이 그럴 겁니다.

소크라테스 사정이 이러하므로 우리의 이상국가에서 시를 추방하기로 한 것은 당연한 일이네. 이성이 우리에게 다른 태도를 허락하지 않았기 때문이지. 그러나 우리는 완고하고 무례하다는 비난을 면하기 위해서라도 철학과 시 사이의 관계가 좋지 않았다는 것을 지적해 두기로 하세. 시 쪽에서 철학을 향해 '주인에게 짖어대며 소란을 피우는 개'라든가 '당치도 않은 바보들의 잡담' 같은 험담을 퍼부었다는 것을 환기시킴으로써 말이야.

하지만 모방의 자매인 시가 그들의 본분을 지켜 질서 있는 국가에 필요한 예술이라는 명분만 입증한다면 기꺼이 받아들이기로 하세. 우리도 시의 매력을 인정하지만 그렇다고 진리를 배반할 수는 없는 일 아닌가? 시에 대해서는 자네도 나 못지않게 매력을 느끼고 있을 걸세. 특히 호메로스의 시는 말이네.

글라우콘 그렇습니다. 저도 상당한 매력을 느끼고 있습니다.

소크라테스 이런 조건을 붙여 시의 추방을 철회해도 좋을 걸세. 시의 형식에 관계없이, 시가 훌륭한 국가에 꼭 필요한 것이라는 증명만 한다면 말이네.

글라우콘 그렇습니다.

소크라테스 그런 차원에서 시인이 아닌 사람에게 시를 변호할 기회를 주는 것도 좋을 걸세. 산문으로 말이네. 누구든 시가 유익하다는 것을 입증만 해준다면, 그것 또한 국가에는 이익일 테니까.

글라우콘 그럴 게 틀림없습니다.

소크라테스 그러나 변호에 실패하면 아무리 매혹적이더라도 시를 버릴 수밖에 없네. 사랑하지만 이롭지 않다고 판단했을 때 상대를 포기하듯이 말이야. 우리가 시에 빠진 것은 우리의 국가에서 실시한 교육 탓이네. 그러나 시가 스스로를 변호하지 못한다면, 시의 매력에 맞서는 우리의 주장을 발판삼아 철없는 사랑에 빠지지 않도록 경계해야 하네. 우리는 다음과 같이 생각해야 할 걸세. '저런 시를 진실한 것으로 생각해 사랑해서는 안 되며, 정말 시를 좋아한다면 그의 위험을 명심해 경계해야 한다'고 말이네.

글라우콘 동감입니다.

소크라테스 이보게 글라우콘, 이 싸움은 매우 중요하네. 정의와 선에 관한 한 그 어떤 것과도 타협해서는 안 되네. 돈이든 권력이든 명예든, 그리고 시든 말이네.

글라우콘 옳은 말씀입니다. 누구라도 선생님의 이 말씀엔 동감할 겁니다.

소크라테스 그런데 말일세. 우리는 아직 선이 주는 최고의 보상에 대해서는 한마디도 하지 않았네.

글라우콘 그렇게 큰 문제가 남아 있었나요?

소크라테스 자네는 인간의 영혼이 불멸한다는 것을 모르는가?

이 말을 들은 글라우콘은, 놀라 소크라테스를 바라보며 그것을 증명해 보라고 재촉한다. 소크라테스는 그 일이 결코 어렵지 않다며 얘기를 시작한다.

영혼 불멸설

소크라테스 글라우콘, 자네는 선과 악을 어떻게 구별하나. 부패와 파괴를 초래하는 것은 악하며, 보존과 이득을 낳는 것은 선하다고 생각하지 않나?

글라우콘 그렇게 생각합니다.

소크라테스 모든 사물엔 선과 악이 있네. 눈병은 눈의 악이고 질병은 몸의 악이지. 곰팡이는 곡식의 악이고 썩는 것은 목재의 악이며, 녹은 쇠붙이의 악이네.

글라우콘 그렇습니다.

소크라테스 악에 물들면 모든 사물은 파괴되지. 각자에 깃들어 있는 악은 각자의 파멸을 뜻하네. 그러므로 각자가 스스로를 파괴하지 않으면 그 어떤 것도 파괴할 수 없다네. 선한 것은 당연히 스스로를 파괴하지 않지. 선하지도 않고 악하지도 않은 것 또한 파괴하지 않네.

글라우콘 그렇습니다.

소크라테스 그러므로 부패의 요소를 지니고 있음에도 파괴되지 않는 어떤 것이 있다면, 그러한 것에는 파괴될 무엇이 없다고 봐도 되지 않겠나?

글라우콘 그렇습니다.

소크라테스 영혼을 부패시키는 악이 있을까?

글라우콘 많이 있습니다. 부정, 방종, 비겁, 무지 등 그 밖에도 많겠죠.

소크라테스 이런 것들 가운데 어느 것이 영혼을 파괴할 것 같은가? 오해하지 말아야 할 것은, 부정한 자가 죄를 짓고 잡혔을 경우, 영혼의 악인 그 부정 때문에 몸을 망쳤다고 생각해서는 안 된다는 것이네. 몸과 영혼을 여기에서는 별개의 존재로 이해해야 한다는 것을 유념하게. 그러므로 이렇게 생각해야 할 걸세. 질병이라는 악이 몸을 파괴시키는 것처럼, 모든 것엔 고유한 악이 있어 그 스스로를 파괴시킨다고 말이네.

글라우콘 그렇습니다.

소크라테스 영혼도 같아서, 영혼 안에 있는 어떤 악이 영혼을 파괴해 죽음으로 이끄는 것일까?

글라우콘 그렇지 않습니다.

소크라테스 그렇다면 고유한 악에 의해서 파괴된 것이 아님에도, 외부의 악 때문에 파괴될 수 있다고 생각한다면 그것도 불합리한 일 아니겠나?

글라우콘 그렇습니다.

소크라테스 이렇게 생각해 보게. 육체가 파괴됐을 경우, 그것은 부패한 음식의 악 때문이 아니라 그 악이 유발한 육체의 질병 때문에 그렇다는 것이지. 이 육체의 질병은 물론 이 육체의 악이네. 그러나 음식과 육체는 본래 별개이므로 음식의 악, 즉 제3자인 악은 육체 본래의 악이 아니며, 따라서 이 악에 의해 육체가 파괴됐다고는 볼 수 없다는 것이지.

글라우콘 옳은 말씀입니다.

소크라테스 같은 논리로 어떤 육체의 악이 영혼의 악을 만들어내지 않는 한 그 영혼은 소멸되지 않네.

글라우콘 그렇습니다. 일리 있습니다.

소크라테스 이 결론이 맞다면, 질병으로든 어떤 다른 원인으로든 육체는 소멸할지언정 영혼은 소멸하지 않는다고 봐야지. 육체의 손상이 영혼 자체를 부정하게 하거나 불결하게 하지 않는 한 말이네. 즉 영혼이든 다른 무엇이든 그것 자체에 악이 생기는 것이 아니라면 그로 인한 소멸은 발생하지 않는다는 것이지.

글라우콘 죽음으로 인해 우리의 영혼이 부정해진다는 것을 증명할 사람도 없을 것입니다.

소크라테스 그러나 누군가 우리의 이러한 주장을 부인하기 위해 죽어가는 자는 악하고 부정해지는 것이라고 말한다면, 나는 이렇게 반박하겠네. 그것이 진실이라면 부정은 죽음에 이르는 병이 돼야 하며, 따라서 부정을 많이 저지른 자는 빨리 죽고 적게 저지른 자는 천천히 죽어야 한다고 말일세.

글라우콘 만일 부정이 죽음의 원인이라면 그건 그다지 두려울 게 못 되겠지요. 덕분에 악에서 구출될 테니까요. 하지만 사실은 정반대일 것입니다. 부정은 타인을 죽였으면 죽였지 그 스스로는 아주 씩씩하게 살아 있을 것입니다. 부정이 활개치는 땅은 죽음으로부터 멀리 떨어져 있으니까요.

소크라테스 그렇네. 그러므로 내재돼 있는 영혼의 악이 영혼을 죽일 수 없다면, 그 영혼은 한결같이 있어야 하고, 그러기 위해 죽지 않아야 하네.

글라우콘 옳습니다.

소크라테스 이것이 결론일세. 그리고 불멸인 영혼은 순수하네. 거기엔 잡다한 불순물이 끼어들 수 없지. 이러한 영혼의 모습을 보기 위해선 이성의 눈으로 영혼 자체를 명상해야 하네. 그러면 영혼의 아름다움은 물론 정의나 불의, 그 밖의 모든 사물들까지 훤히 볼 수 있네.

글라우콘 그렇습니다.

소크라테스 그런데 글라우콘, 우리는 시각을 좀 바꿔봐야 할 것 같네.

글라우콘 어떻게 말입니까?

소크라테스 지혜에 관한 영혼의 사랑 쪽으로 눈을 돌려야지. 영원히

276

죽지 않는 영혼이 무엇을 따르고 무엇과 사귀고 싶어하는지 알아봐야겠네. 영혼이 그 자신의 질서에 따라 지상에 살면서 들러붙게 된 찌꺼기들을 떼어낼 때, 그때 비로소 우리는 영혼이 무엇인지 알 수 있을 걸세. 영혼이 하나인지 둘인지, 영혼의 본성이 무엇인지 말이네. 현세에서 취하고 있는 영혼의 모습에 대해서는 충분히 얘기했다고 생각하네.

글라우콘 그렇습니다.

소크라테스 그러니 글라우콘! 정의나 그 밖의 덕성들에 대해, 생전이나 사후에까지 인간이나 신에게서 보답을 받는다고 한 우리의 주장이 잘못된 것은 아닐 거네.

글라우콘 그렇습니다.

소크라테스 아울러 이것도 알아야겠네. 정의로운 사람과 그렇지 않은 사람이 생전에 받는 보상은, 사후에 받을 보상에 비하면 아무것도 아니라는 것을 말이네. 이제부터 그에 대한 이야기를 해주지.

글라우콘 어서 말씀해주십시오. 그것보다 즐거운 얘기도 없을 것 같군요.

소크라테스 팜필리아 종족의 에르에 관한 얘기네. 그는 전투를 하다 죽었는데, 열흘 뒤 사람들이 시신을 수습할 때까지도 썩지를 않았다네. 장례를 치러주기 위해 사람들이 그의 시신을 고향으로 모셔왔고, 이틀 뒤 화장을 하기 위해 불을 붙이려는 찰나 그가 눈을 뜨고 다시 살아났다네. 그는 열이틀 동안 저승에서 본 사후 세계에 대해 얘기했는데, 그 내용은 이렇다네.

육체를 떠난 그의 영혼이 다른 혼들과 함께 어떤 신비한 곳에 도착했을 때였어. 지상과 하늘 쪽으로 각기 두 개의 커다란 구멍이 나 있었고, 이 구멍들 사이에 심판관들이 앉아 영혼들을 판결하는 게 보였네. 심판관들은 정의로운 자에겐 하늘로 난 오른쪽 구멍으로 올라가도록 지시하고, 부정한 자에겐 지상으로 난 왼쪽 구멍으로 내려가도록 지시했지. 각기 판결받은 내용을 뒤에 달고 말일세. 그런데 에르를 본 심판관은 그에게 "너는 여기에서 이루어지고 있는 일들을 세상에 알려야 할 임무를 맡고 있으니 잘 보고 가서 전하라"고 했다네.

이렇게 해서 그는 판결에 따라 영혼들이 떠나는 것을 보았네. 아울러 하늘의 왼쪽 구멍에서는 순수한 영혼들이 내려오고, 지상의 오른쪽 구멍에서는 추한 영혼들이 올라오는 것도 보았지. 그 영혼들은 먼 길을 여행하기라도 한 듯 보였는데, 축제에 참가하는 사람들처럼 초원의 한쪽 켠에 가서 자리를 잡았네. 그러면서 서로 아는 영혼들끼리는 인사를 나누고 안부를 묻기도 했지. 지상에서 올라온 영혼들은 하늘에서 내려온 영혼들에게, 하늘에서 내려온 영혼들은 지상에서 올라온 영혼들에게 안부를 물었네. 지상에서 올라온 영혼들은 천 년 동안의 여정에서 겪은 일들을 회상하며 슬픔에 겨워 울었고, 하늘에서 내려온 영혼들은 그곳의 아름다운 광경에 대해 얘기하며 웃었지. 이 얘기는 너무 길어 다 할 수 없지만 대충 정리하면 이렇네.

사람들은 자신이 지은 죄만큼 벌을 받게 되는데 그 지은 죄의 열 배를 감당해야 한다는군. 100년 동안 죄를 지었으면 천 년 동안 벌을 받아야 한다는 것이지. 반면 착한 일을 했거나 훌륭한 삶을 살았던 사람들은 같은 방식의 비율로 보상을 받는다고 해. 그런데 가장 혹독한 벌을 가장 오랫동안 받는 사람들은 참주나 폭군들이라네. 그들의 죄는 너무나 무거워 사실상 정해진 형량이 없다는 거지. 그래서 절대로 구멍을 빠져나올 수 없으며, 설사 구멍 가까이 왔더라도 출구를 지키는 자에 의해 다시 되돌려진다는 거였어. 알디아이오스 대왕[27]이 대표적인 예인데, 그는 자신에게 주어진 형량을 채우고 출구 가까이까지 왔었으나 다시 쫓겨났다고 하네.

영혼들이 초원에 묵은 지 여드레째 되던 날 그들은 다시 길을 떠나게 되었네. 그리고 사흘 만에 어떤 장소에 도착했는데 기둥 같은 빛이 지구를 관통한 채 천체로 뻗어나가 있는 것이 보였지. 무지개처럼 보였으며 밝고 깨끗한 빛이었다네. 하루가 더 지나 보았더니 그 빛의 한복판에 몇 개의 띠가 위아래로 뻗어 있고 이 띠들의 끝이 다시 아난케 여신[28]의 방추에 묶여 있는 것이 보였지. 에르에 의하면 이 방추에는 여덟 개의 돌림판이 연결돼 있고 그것들이 아난케 여신의 무릎에서 회전하도록 돼 있었다는군.[29] 그리고 세 여신이 일정한 거리를 두고 각자의 자리에 빙 둘러앉아 있었네. 이들은 아난케 여신의 딸들로서 저마다 흰 옷을 걸치고 머리에는 화관을 쓰고 있었다

---

27) 당시로부터 천 년 전 팜필리아의 어느 도시에 살았다는 참주. 온갖 악행을 일삼으며 아버지와 형을 죽였다고 한다.

28) 운명의 여신들의 어머니.

29) 이것들은 모두 천체를 묘사한 것이라고 할 수 있다.

네. 별들의 음악에 맞추어 라케시스는 과거의 일들을, 클로토는 현재의 일들을, 아트로포스는 미래의 일들을 노래했지.

그곳에 도착한 영혼들은 곧바로 라케시스에게 가라는 명령을 받고, 라케시스의 뜻을 전하는 신관 앞에 정렬해 섰네. 신관은 라케시스의 무릎에서 제비와 여러 가지 생애의 견본을 집어 들고는 높은 단 위로 올라가 이렇게 말했네.

"이는 아난케의 따님인 라케시스의 말씀이시다. 덧없는 영혼들이여, 이것은 필연적으로 죽을 수밖에 없는 자들이 감수해야만 하는 또 다른 주기의 시작이다. 운명의 신이 그대들을 추첨하지는 않을지니, 각자 자신의 운명을 선택하도록 하라. 선택은 1번부터 한다. 덕엔 주인이 없으므로 그대들이 귀히 여기는가 천하게 여기는가에 따라 많이 갖거나 적게 갖게 될 것이다. 선택은 그대들이 하는 것이므로 책임 또한 그대들에게 있다."

이렇게 말하고 제비를 던져주었는데 에르만 제외하고는 모두들 하나씩 집어들게 되었네. 제비를 집어 든 자들은 자신이 몇 번을 선택했는지 알게 되었지. 뒤이어 생애의 견본들이 앞에 놓였어. 견본들은 그들의 수보다 훨씬 많아서 세상의 온갖 생애가 다 적혀 있었네. 인간은 물론 동물의 생애까지 있었지. 그들 가운데는 군주나 참주의 생애도 있었고 오래 살거나 적게 사는 것, 가난과 망명 혹은 구걸해야 하는 생애도 있었지. 명예로운 생애와 그렇지 못한 생애, 건강한 생애와 질병에 시달려야 하는 생애도 있었고 그런 생애들이 섞여 있는 것도 있었네. 그러나 그 생애에 영혼의 성향은 적혀 있지 않았네.

영혼은 생애에 따라 가변적인 것이었기 때문이지.

그런데 글라우콘, 바로 이때가 중요한 순간일세. 여기에 인간의 모든 모험이 있네. 선악을 식별해 최선의 선택을 하도록 안내해주는 학문의 탐구자가 돼야 하는 것도 이 때문이지. 즉 어떤 것이 어떤 것과 어울려 선하게 되고 악하게 되는지, 영혼의 본성상 선천적인 것이 무엇이고 후천적인 것이 무엇인지, 그것들이 어떤 결과를 낳는지 유의하면서 공부하고 선택해야 하네. 그런 다음 이 신념을 굳게 지니고 저승으로 가야 하지. 그래야만 저승에서도 현혹됨 없이 악을 피해 갈 수 있다네.

그 다음 라케시스의 신관은 이렇게 말했다네.

"냉철하게 선택해 진지하게만 살면 누구든 만족한 삶을 누릴 수 있다. 그러니 늦게 선택한다고 억울해하지 말라. 먼저 선택하는 사람은 그 선택을 경솔히 하지 말 것이로되, 나중에 선택한다고 해서 낙담할 일 또한 없을 것이다."

신관의 말이 끝나고 나서 순서에 따라 생애를 선택하기 시작했다네. 제일 먼저 견본을 뽑아 든 사람은 참주의 생애를 선택했는데, 그 자는 분별 없고 욕심이 많아 신중하지 못했지. 그 안에 어떤 운명이 들어 있는지, 그 운명이 얼마나 가혹한지 모르고서 말야. 뒤늦게 이를 안 그는 자신의 선택에 대해 통분을 금치 못했네. 그리고는 불행의 책임을 운명의 신에게 돌렸어. 그는 하늘에서 내려온 자로 전생에선 제법 질서 있는 국가에서 살았지. 하지만 지혜 없이 습관적으로 덕을 지닌 채 살았던 사람이라네. 대체로 하늘에서 온 자들 가운데 이런 사람이 많았는데, 그들은 힘든 일을 겪어보지 않았기 때문에 이런 실수를 하게 됐지. 하지만 지상에서 올라온 사람들은 나름대로 고난을 겪었기 때문에 그 선택을 신중히 했네. 이렇게 하여 영혼들은 각자의 생애를 선택했고, 경험과 운수에 의해 좋은 생애와 나쁜 생애가 배당됐던 걸세.

만일 우리가 이 세상에 올 때마다 지혜를 좋아해 철학하는 마음을 가진다면, 그리고 선택의 제비를 마지막으로 뽑는 일만 없다면, 우리는 이승에서의 행복은 물론 저승에서 다시 이리로 올 때도 천상의 길을 따라 행복하게 올 것 같네.

에르의 말에 따르면, 각각의 영혼이 자신의 생애를 선택하는 과정은 참으로 가관이었다네. 대개는 전생의 습관에 따라 선택을 했는데, 그 모습이 다양해 딱하기도 하고 우습기도 하고 놀랍기도 했다는 거지. 어쨌거나 이렇듯 선택을 마친 영혼들은 라케시스에게 갔다네. 여신은 그들이 선택한 운명을 실현시키기 위해, 그들에게 삶의 수호자인 신령을 붙여 클로토에게 데리고 갔지. 그리고는 방추가 돌고 있는 아래로 가 영혼이 선택한 운명을 확인했네. 그 다음 운명의 실을 잣고 있는 아트로포스에게 데리고 가 선택한 운명을 되돌리지 못하도록 만들었어. 그 뒤 영혼들은 아난케의 밑을 지나 망각의 땅으로 나아갔는데, 그 들판엔 나무 한 그루도 없었다네.

저녁이 되자 영혼들은 망각의 강에 이르러 잠자리를 마련했네. 이 강물은 어떤 그릇으로도 담을 수 없었지만 그 자리에서 마실 수는 있었지. 마시기만 하면 어떤 기억도 다 잊어버리게 되는 이 강물을 마시고 영혼들은 잠이 들었어. 밤이 되었을 때, 천둥소리와 함께 지진이 일어났고 영혼들은 모두 하늘로 흩어져 올라갔지. 새로운 삶을 시작하기 위해서 말이네. 그런데 에르만은 그 강물을 마시지 못하게 해 본래의 육신으로 다시 돌아왔다네. 정신을 차리고 눈을 떠보니 자기가 살아 있었다는 거야.

　우리는 이렇게 해서 사후의 일을 조금이나마 알게 되었네. 이 얘기를 믿는 한 우리는 구원 받을 것이고, 망각의 강을 무사히 건너 그 영혼을 더럽히지 않을 걸세. 영혼이 죽지 않으며 선이든 악이든 감당해낼 수 있다고 믿는다면, 우리는 신의 뜻을 좇아 정의롭게 살면서 덕을 길러야 하네. 그것이 우리의 본분이며 신성을 느끼는 일이기도 하지. 그것만이 이 세상에서나 앞서 말한 천상의 순례에서나 우리가 행복할 수 있는 유일한 길이라네, 글라우콘!

부록

• 플라톤의 사상과 《국가론》에 대하여
• 플라톤의 저작들
• 플라톤 연표

플라톤의 사상과 《국가론》에 대하여

플라톤에게 가장 큰 영향을 끼친 스승, 소크라테스

우리는 플라톤을 말하기 전에 소크라테스를 먼저 말해야 한다. 플라톤의 철학을 논하기 전에 소크라테스의 가르침, 소크라테스가 몸담았던 세계를 말하는 것이 순서일 것이다.

전하는 기록에 의하면, 소크라테스가 살던 당시는 매우 어수선한 시절이었던 것 같다. 정치적으로는 민주주의가 막 그 싹을 틔우고 있었지만 백성이 주인이 된다는 민주주의 본령의 움직임이 있었던 것은 아니다. 당시의 민주주의는 오늘날과 달라서, 그 작동 방식이 예사롭지 않았다. 이념적으로도 미숙했을 뿐만 아니라, 사회적 여건과 토대도 오늘날의 그것과는 사뭇 달라서 혼란과 무질서만 양산하는 형국이었다.

그래서 일단의 소피스트들은 스스로를 과두정치파로 자처하며 민주정치를 공격하기도 했다. 지금도 그렇지만 제대로 된 민주정치를 하기란 참으로 어려운 것이다. 어쩌면 그것은 이 체제가 갖고 있는 숙명적인 한계인지도 모른다. 당시 40만의 아테네 주민들 중 25만이 노예였고 자유민은 15만에 불과했다고 한다. 당연히 노예들에게는 참정권이 주어지지 않았다. 자유민들 중에서도 소수만이 에쿠레시아*에 참석할 수 있었다. 반면 최고재판소에 해당하는 디카스테리온은 1천 명 이상으로 구성됐는데, 전 시민의 명부에서 알파벳 순으로 선출했다. 그 자체만으로 보면 가장 완벽한 민주제도임과 동시에 가장 완벽한 어리석음의 전형이기도 하다. 이처럼 극단적인 평등을 지향하는 제도는 과거에도 그렇고 앞으로도 없을 것이다.

소크라테스는 이런 형언할 수 없는 분위기, 잡다하고 무질서하며 혼란스런 분위기 속에서 살았다. 그는 젊은 철학도들과 어울려 특유의 화술로 인간이란 무엇이고, 어떻게 살아야 하는지에 대해 고민하며 토론했다. 그는 타성적으로 인식하기를 거부했다. 당시의 소피스트들이 막연하게 지니고 있던 관념들에 그는 의심의 칼날을 들이댔다. 아는 체하는 자들에게, 네가 아는 것이 무엇인지를 조목조목 따져 결국은 그들이 아는 게 하나도 없음을 깨닫게 했다. 그는 철학이 무엇인지를 가르친 최초의 사람이었고, 지성적 사유가 어떻게 이루어지는지를 보여준 최초의 사람이었다.

피상적 인식의 습성을 무너뜨리기 위해 그는 '당신이 생각하고 있는 그것이 무엇이냐'고 물었다. 그는 '그것의 근본'을 캐물었고, 그래서 '그것이 왜 그것이어야만 하는지'에 대해 고민하게 만들었다. 말하는 자가 어떤 의

---

* 국가의 정책을 토의하고 결정하는 의회.

미로 그 어휘를 쓰고 있는가에 대해 반성적 사유를 촉진하고 있는 그의 이런 문제의식에 많은 사람들이 불편한 심기를 드러내기도 했다. 그럼에도 불구하고 그는 '정의로운 국가가 무엇인지', '어떤 삶이 훌륭한 삶인지'에 대해 명석한 방향을 제시함으로써 후대에 지대한 영향을 끼쳤다.

익히 아는 바처럼, 소크라테스는 독배를 마시고 죽었다. 그는 죽음 앞에서도 의연한 태도를 잃지 않았으며 탈옥을 권유하는 제자들의 간청에도 응하지 않았다. 그는 서슴없이 자신의 길을 감으로써 시대의 질곡에 순응했다. '젊은이들을 타락시켰다'는 죄목이나 그러한 판결을 도출해내는 방식이 참으로 어리석은 것이었음에도 그는 분개하지 않았다. 지혜로운 자의 영혼을 끌어내리기엔 삶의 욕구가 너무 작았다. 이러한 소크라테스의 죽음에 플라톤은 충격을 받았다. 70세를 끝으로 소크라테스가 생애를 마감했을 때, 플라톤은 28세였다.

철학자로서 플라톤의 삶

플라톤은 부유한 집안의 아들로 태어난, 잘생기고 건장한 청년이었다. 플라톤이란 이름을 얻게 된 것도 그의 넓은 어깨 때문이었다는 설이 있다. 혹은 그의 넓은 이마 때문이라고 주장하는 사람도 있다. 군인으로서도 뛰어난 자질을 발휘해 이스토모스의 경기에 출전해 두 번이나 우승했다고 한다.

이런 젊은이가 어떻게 해서 철학의 고장에 발을 들여놓게 되었을까. 그

동기를 알 수는 없지만, 소크라테스를 만나기 전까지 그는 시를 쓰고 시낭송에 참석하기 위해 극장 출입을 즐겨했던 것 같다. 그러던 어느 날 극장에서 소크라테스를 만났고, 그와 대화를 나누는 젊은이들 사이에 끼어 제자가 됐다. 그 뒤 그는 자신이 썼던 모든 시들을 불태우고 노철학자의 저 깊은 내면 속으로 침잠해 들어갔다. 그가 얼마나 소크라테스를 믿고 의지했는지는, '나는 야만인으로 태어나지 않고 그리스인으로 태어난 것과, 노예로 태어나지 않고 자유인으로 태어난 것과, 그중에서도 소크라테스와 같은 시대에 태어난 것을 신께 감사한다'라는 말을 통해서도 알 수 있다.

스승에 대한 애정이 깊었던 만큼, 그는 스승을 파괴한 민주정치에 대해 강한 불신감을 가졌다. 선하고 지혜로운 자에게 통치를 맡겨야 한다는 국가관은 이때부터 그의 화두가 되었다.

그는 스승이 죽자 곧바로 여행을 떠나 세상 구경을 한 것으로 전해지지만 자세한 행적은 알 수 없다. 일설에 의하면 이집트를 거쳐 시칠리아와 이탈리아를 돌아보고, 갠지스 강변에 이르러 힌두교를 접하기까지 했다 한다. 하지만 분명한 것은 하나도 없다.

비교적 확실한 사실은 그가 40세 때인 기원전 387년에 시칠리아의 수도였던 시라쿠사의 통치자 디오니시오스로부터 유토피아 건설에 대한 제의를 받고 갔다는 것이다. 전 국민을 상대로 하는 것보다는 왕 한 사람을 가르치는 것이 더 효율적이라고 판단했기 때문이다. 하지만 상황은 좋지 않았다. 디오니시오스와 플라톤 간의 견해차가 너무 컸다. 플라톤의 방식대로라면, 디오니시오스 자신은 철학자가 되든지 왕 노릇을 그만두든지 해야 했다. 심한 말싸움이 벌어졌고, 플라톤은 노예로 팔려갈 운명에 처해졌다. 하지만 그의 제자이자 친구였던 아니케리스의 도움으로 아테네로 귀환할 수 있었다.

아테네로 돌아온 뒤부터 그는 철학과 저작에 몰두하면서 아카데미아라는 학원을 세우고(기원전 386년) 제자들을 가르쳤다. 이 학원은 기원후 529년까지 존속되면서 많은 인재들을 길러냈다. 아리스토텔레스도 이 아카데미아에 20년간 머물며 연구에 몰두했다. 플라톤의 중기 '대화편'으로 분류되는 많은 저작들이 씌어진 것도 이 시기였다.

플라톤은 80세까지 살았다. 그의 만년은 비교적 행복했던 것으로 알려져 있다. 제자들은 사방에서 그의 명성을 드높이고 있었고, 플라톤은 아카데미아에 은거해 평화로운 나날을 보냈다. 그의 후기 대화편은 이 시기에 씌어졌다.

80세의 고령임에도 불구하고, 제자의 혼인잔치에 참석했던 플라톤은 잠시 사람들의 눈을 피해 조용한 방으로 물러났다. 축하연을 마치고 제자들이 그를 깨우러 왔을 때, 그는 이미 세상에 없었다.

서양철학사에서 《국가론》의 가치

화이트헤드는 서양철학사를 가리켜 '플라톤의 각주'라는 유명한 말을 했다. 그만큼 서양철학사는 플라톤의 영향권 아래 있다고 봐도 무방하다.

그중에서도 '대화편' 가운데 하나인 《국가론》은 우리에게 가장 많이 알려져 있는 저작물이다. 이 책은 사실상 서양철학의 모든 줄기들을 거느리고 있다고 보아도 틀림없다. 형이상학에서 정치학, 윤리학, 심리학, 교육학 그리고 예술론에 이르기까지 그 가지를 뻗치지 않은 곳이 없다. 특히 현대에 와서 쟁점이 됐거나 되고 있는 여러 문제들, 공산주의를 비롯해 우생학, 여성해방론과 산아제한의 문제들, 니체와 루소가 거론하고 있는 도덕의 문제 및 사회계약에 관한 문제는 물론이고 프로이트의 정신분석에 이르기까지 두루 영향을 미치고 있어, 가히 '철학적 향연'을 벌여놓았다고 해도 과언이 아니다.

《국가론》은 모두 열 권으로 되어 있는데, 소크라테스가 대화를 이끌어가는 방식으로 전개되고 있다. 이때의 소크라테스는 물론 플라톤 자신으로 보아야 할 것이다. 그럼 이제부터 《국가론》을 살펴보자.

《국가론》의 구성

토론은 부유한 귀족 케팔로스의 집에서 벌어진다. 논의의 초점은 '정의'란 무엇인가에 모아져 있다. 하지만 개인의 정의를 문제 삼기에는 현안이 너무 복잡하다. 개인을 들여다보기 위해서는 현미경을 들이대야 하는데, 그러다보면 논의의 방향이 어긋날 수 있다. 그러므로 큰 문제부터 보자는 데 합의한다. 정의란 사회조직에 의존하는 개인 간의 문제이므로 '국가에 있어서의 정의'가 무엇인지를 따져보는 것이 순서라는 것이다.

플라톤의 국가 건설은 이때부터 시작된다. 국가는 작은 것들의 결합이거나 확산이다. 그렇다면 최초에 어떤 사람들이 어떤 방식으로 공동체를 운영하면서 그것을 키워나갈 것인가, 어떻게 해야만 순조롭게 국가의 탄생이 이루어질 것인가를 생각해본다. 한 사람이 생계에 필요한 모든 일을 자급자족의 형태로 해결하는 것이 능률적인가, 분업으로 해결하는 것이 능률적인가? 답은 당연히 분업이 능률적이다. 여기서 직업이 생기고, 직업에 따라 기술의 진보가 이루어지면서 그 직업은 더욱 세분화된다. 사람들은 더욱 늘어나고 각자의 의무와 책임은 입법이라는 형태로 규율된다.

최소한의 국가가 완성되면서 계층이 형성된다. 플라톤은 그 세 계급을 통치자 계급, 보조자 계급, 생산자 계급으로 나눈다. 정의란 이 세 계층 사이의 관계를 조화롭게 유지하는 것이다. 그것은 개인으로 말하면, 맡은 바 자신의 일에 충실한 것이 정의다. 목수는 열심히 집을 잘 짓고, 수호자는 나라를 잘 지키며, 통치자는 성심을 다해 나라의 이익과 국민의 행복을 증진해야 한다는 것이 그것이다.

플라톤은 이 정의의 문제를 개인의 영혼에도 그대로 대입시켜 세 가지 요소로 구분해 설명한다. 인간의 행동은 세 가지 원천, 즉 지식, 기백, 욕구에서 흘러나온다. 지식에서 영혼의 빛을 인식하는 이성이나 지혜가 나오고 기백에서 열정과 용기 등이 나온다. 또 욕구에서는 삶의 의지에 해당하는 여러 욕망들, 즉 성적 충동이나 식욕, 물욕 따위가 나온다. 영혼의 이러한 성질은 만인에게 공통된 것이지만 그 정도는 사람마다 다르다. 그래서 어떤 이들은 욕심쟁이가 되고 어떤 이들은 용기의 화신이 되며 어떤 이들은 철학자가 된다.

그렇다면 이러한 성질들을 어떻게 조화시킬 것인가. 어떻게 인성을 계발하고 절제를 가르쳐 유익한 사회구성원이 되게 할 것인가? 여기서 교육의 문제가 등장한다. 제대로 교육하기 위해서는 그 여건을 제대로 확보해야 한다. 우선 해야 할 것은, 열 살만 넘으면 모든 아이들을 시골로 보내 부모의 습관에 젖지 않도록 조치하는 일이다. 아이들은 깨끗하므로 깨끗한 바탕 위에서 시작하지 않으면 안 된다. 그리고 똑같이 기회를 주어 재능을 꽃피게 해야 한다.

음악과 체육은 젊은이들의 교육에 필요한 절대 과목이다. 어려서의 신체 단련은 건강한 정신의 기초를 만든다. 기초가 튼튼해지면 병이 깃들 염려가 없고 약을 쓸 일도 없다. 그러나 신체의 단련만으론 올바른 인격을 도야할 수가 없다. 어떻게 하면 용감하고도 온화하며 절제를 깃들게 할 수 있을까? 그 역할을 음악이 맡는다. 음악은 운율과 하모니를 통해 정신에 조화를 주고 정의의 본질까지도 배우도록 만든다. 또한 음악은 성격을 형성한다. 감정을 순화시키고 영혼에 생기를 불어넣는다.

하지만 이러한 교육도 지나치게 하면 독이 된다. 과도한 신체 단련이 야만성을 부풀리듯이, 과도한 음악에의 치우침은 사람을 유약하게 만든다. 이 두 가지는 균형 있게 조화를 이루어야 한다.

그러나 이상국가의 일원이 되기 위해서는 더 많은 교육이 필요하다. 수학과 기하학을 알아야 하고, 천문학을 알아야 하며, 나아가 철학을 공부해야 한다. 그러나 이 모든 것을 완벽히 잘 해낼 사람은 거의 없다. 그것은 소수자의 몫이다. 그러므로 소수자만이 철학자가 될 수 있고 소수자만이 밝은 지혜를 가질 수 있다. 무릇 국가는 이런 사람에 의해 통치돼야 한다.

《국가론》 속의 이상적인 국가

밝은 눈으로 세상을 보는 것, 세상을 보되 보이는 것만 보지 않고 그 너머의 세계까지 보는 것, 이것이 플라톤의 이데아론이다. 그런데 안타깝게도 사람들은 눈에 비치는 것들만 본다. 감각에 의해서만 판단하고 지각한다. 그러한 시선에 의해 포착된 세계는 무의미하고 무질서하며 혼란스러울 뿐이다. 플라톤은 이것을 동굴 속의 죄수와 비교해 설명한다.

여기 동굴이 있고 그 안에는 몸이 결박돼 꼼짝 없이 정면만 바라봐야 하는 죄수가 있다. 그의 등 뒤 입구 쪽으로 야트막한 담장이 있고 그 뒤에 횃불이 있다. 사람들이 담 위로 목을 빼고 왔다갔다 한다. 자연히 사람들의 그림자가 죄수의 정면 벽에 비친다. 이럴 때 죄수의 감각은 벽면에 비친 그림자의 영상에만 머물러 있다. 죄수에겐 그림자만이 유일한 사물이다. 그는 동굴 밖에 지상이 있다는 것도 모르고 그 위에 태양이 이글거리고 있다는 것은 더더욱 모른다. 그가 아는 것이라곤 눈에 보이는 것에 한정돼 있으므로 판단 또한 눈에 보이는 것의 한계 내에서만 이루어진다. 그가 지상으로 올라와 밝은 빛을 보고 그 빛이 어디서 오는 것인지를 깨달았다면 어떻게 될까. 그는 자기가 보고 느껴왔던 것들에 대해 좌절하지는 않을까? 우리 인간들이 이와 같다. 철학을 모른다면 이런 우중愚衆의 나락으로 떨어진다.

그러므로 해답은 자명하다. 인간세계를 보다 행복하게 통치하려는 자는 이 모든 것을 볼 수 있고 볼 줄 알아야 한다. 그러나 문제는 여기서 그치지 않는다. 그가 통치자인 한, 그는 철학의 세계에서 내려와 다시 동굴 속으로 돌아와야 한다. 철학적 정신에 유유자적하는 것은 실제에 있어서 그 효용성을 발휘하기 어렵기 때문이다. 추상과 관념에 머물지 않고 그 정신을 구체적 현실세계에 의해 검토받도록 하는 것, 그것이 학자적 허영심을 버리고 통치자가 되는 길이다.

그러니까 가장 뛰어난 사람들에게 정치를 맡기는 것, 이것이 플라톤이 말하는 귀족 체제의 정치다. 하지만 현실은 그렇지 않다. 가장 뛰어난 자에게 통치자의 권한을 위임하지 않는다. 그것은 철학자의 비애이지만 철학자의 운명이기도 하다.

오늘날 《국가론》이 지니는 의미

오늘날의 관점에서 보면, 플라톤의 유토피아는 논란의 소지가 적지 않다. 그중 대표적인 것이 그의 공산주의적 사유방식이다. 그는 수호자 계급에 대해 말하면서, 사유재산을 불허할 것과 '친구들끼리는 모든 것을 공유해야 한다'며 가정 해체를 주장한다. 그래야만 권력이 부패하지 않는다는 것이다. 그의 공산주의는 재산뿐만 아니라 여자에까지 미치고 있어서, 아내의 공유로 이어진다. 함께 갖는다는 것은 아무것도 갖지 않는다는 것이다. 아무것도 갖지 않으므로, 즉 욕망의 출구를 원천봉쇄함으로써 부패의 가능성은 제로가 된다. 내 아내가 없으므로 내 아이도 없다. 아이들은 공동으로 훈육되며 모든 인간관계는 동포애라는 하나의 질서에 흡수된다. 모든 아이들은 서로 형제자매가 되며 남자는 모두의 아버지가 되고 여자는 모두의 어머니가 된다.

그렇다면 남녀 간의 성적 교섭은 어떻게 될 것인가. 출산의 연령대에 속해 있는 한 엄격한 관리하에 성관계를 맺되 일정한 나이, 즉 생식력이 소진되는 55세 이후에는 자유로이 연애할 것을 허락한다. 우생학적 법칙에 의해 우수한 남자는 우수한 여자와, 열등한 남자는 열등한 여자와 성관계를 맺어야 한다. 그래서 우수한 자식은 키우되 열등한 자식은 키우지 않아야 한다. 같은 차원에서 우수한 젊은이에게는 여자와 동침할 기회를 더 많이 주어야 한다. 그것이 국가를 부유하게 하고 인간의 자질을 우수하게 유지시키는 유일한 방편이기 때문이다.

그러나 이러한 유토피아가 과연 실현될 수 있을까? 몇몇 가지는 가능하고 몇몇 가지는 다소 황당하다. 많은 비평가들은 플라톤의 《국가론》에 대해 의혹을 품고 있다. 모든 국민이 동포애의 마음으로 사이좋게 지낼 수만 있다면 이러한 사회가 불가능한 것도 아니다. 그러나 현실적으로 이러한 제도의 실현은 인간관계를 냉각시키고 말 것이다. 오늘날 보아왔듯이, 사유재산을 없애자는 발상은 책임감이 결여되기 때문에 환영받기 어렵다. 나아가 여자를 공유하는 문제는 더욱 용인받기 어렵다. 그것은 전체를 위해 개인을 질식시키는 행위이기 때문이다.

플라톤의 이상국가는 영적으로 완벽하게 뭉칠 준비가 돼 있는 소수의 신도들 사이에서나 가능한 체제이다. 그들의 지혜와 덕을 지니지 못한 범인들에게 이러한 논의는 거의 무의미할 뿐이다. 통념에 기반을 두지 않은 국가나 체제가 오래 갈 수는 없다는 것을 우리는 역사를 통해 알고 있다. 그는 인간의 도덕률 속에 쌓인 습관의 힘을 과소평가하고 있다.

그의 국가는 너무나 정적이다. 질서만을 강조하다 보니 개인의 창의성이나 변화에 대해 무지한 태도마저도 드러낸다. 그는 시인마저 추방해야 한다고 역설한다. 그에게 과학은 있으되 예술은 없다. 아름다움을 숭배하면서도 아름다움을 창조하는 예술가를 폄하하는 그의 자가당착은 어디에서 연유한 것일까? 그것이 과연 이상국가의 본모습일까? 그러나 이러한 비판을 너무 불쾌하게 드러내지는 말자.

우리는 소크라테스를 통해 그가 했던 말을 음미하는 것으로 자족해야 할지도 모른다. 그는 자신의 그림이 하나의 꿈에 지나지 않으리라는 것을 예견했음에도, 그 꿈꾸기를 멈추지 않았다. 그것이 설혹 실현 불가능한 아름다운 세계라 할지라도, 그가 그린 그림은 아름답다. 그 아름다움의 가치에 우리는 주목해야 하리라.

플라톤의 저작들

플라톤은 소크라테스, 아리스토텔레스와 함께 그리스 철학의 절정기를 이끌었다. 그가 쓴 것으로 알려진 저술은 서른다섯 편 정도이며 다행히 모두 현재까지 전해지고 있다. 그중 일부는 진위 여부가 가려지지 않았지만 최소 스물다섯 편은 플라톤이 직접 쓴 것으로 확인되었다.

플라톤의 저술은 모두 대화 형식으로 되어 있어 '대화편'이라고 부른다. 이런 독특한 형식은 플라톤이 스승 소크라테스의 영향을 받았기 때문이다. 소크라테스는 사람들에게 질문을 던져 자신이 아는 것이 무엇인지, 그 '앎'이 옳은 것인지를 묻고 따지는 방식으로 철학을 가르쳤다. 플라톤은 이런 소크라트테스의 철학 방식을 계승했다. 따라서 플라톤의 대화편은 모두 소크라테스가 주인공이며 그가 여러 인물들과 한 가지 주제를 놓고 대화하면서 그 답을 찾는 형식으로 구성됐다.

대화편이 언제 씌어졌는지 정확한 연대는 알 수 없으나 통념상 그 내용과 형식을 기준으로 세 시기로 나눈다.

초기 대화편

플라톤의 초기 저작들에는 소크라테스의 영향이 짙게 나타나 있다. 소크라테스의 삶을 기리고 그의 사상을 옹호하는 글들이 대부분이다.

《변명Apologie》 젊은이들을 타락시키고 신을 섬기지 않는다는 이유로 고소당한 소크라테스가 자신을 변호하기 위해 했던 세 편의 연설이 담겨 있다.

《크리톤Kriton》 크리톤이 감옥에 갇힌 소크라테스를 찾아가 도망가라고 설득하는 이야기들로 구성되어 있다.

《라케스Laches》 소크라테스와 두 명의 장군 라케스와 니키아스가 용기란 무엇인가에 대해 나눈 대화편이다. 자식의 교육을 누구에게 맡길 것인가 하는 문제에서 출발하여 전문적인 지식에 대한 물음으로 발전한다.

《리시스Lysis》 소크라테스가 두 청년과 함께 우정에 대해 나눈 대화편이다.

《카르미데스Charmides》 절제란 무엇인가 하는 질문에서 출발해 자기 자신을 안다는 것이 어떤 의미인가 하는 논의로 이어진다.

《에우티프론Euthyphron》 경건이란 무엇인가에 대해 소크라테스가 사제 에우티프론과 나눈 대화편이다.

《프로타고라스Protagoras》 소크라테스와 유명한 소피스트 프로타고라스 간의 대화편이다. 어떻게 살아야 하는가, 덕은 가르칠 수 있는 것인가, 덕의 단일성은 무엇인가, 덕에서 앎은 어떤 역할을 하는가 등에 대해 논쟁한다.

《고르기아스Gorgias》 어떻게 살아야 하는가 하는 물음을 놓고 소크라테스가 세 명의 소피스트와 벌이는 대화편이다.

《이온Ion》 최고의 호메로스 해석자인 이온이 시에 대해 소크라테스와 나눈 대화편이다.

《에우티데모스Euthydemos》 젊은 사람들을 가르치는 법에 대한 소크라테스와 두 명의 소피스트 간의 논쟁이 담겨 있다.

중기 대화편

문학적으로 가장 완성도가 높다. 플라톤이 시라쿠사에 다녀와 아카데미아를 세운 시기에 씌어졌다. 플라톤의 이데아론이 자리를 잡았으며 초기작과는 달리 매우 다양한 문제들을 다룬다.

《메논Menon》 소피스트 고르기아스의 제자인 메논과 소크라테스가 덕에 대해 나눈 대화편이다. 덕은 가르칠 수 있는 것인가 하는 질문에서부터 시작해 덕은 무엇인가, 덕은 지식인가 하는 질문으로 발전한다.

《파이돈Phaidon》 사형 집행을 하루 앞둔 날, 소크라테스가 친구들과 영혼의 불멸성에 대해 나눈 대화편이다.

《향연Symposion》 비극 시인 아가톤의 우승을 축하하기 위해 마련된 자리에서 에로스를 화두로 이루어진 여러 사람의 연설이 담겨 있다.

《국가론Politeia》 모두 열 권으로 구성되어 있으며 그 내용과 형식에 있어 플라톤의 대표적 저작물이라 할 수 있다. 정의에 대한 탐구에서 시작해 이상국가와 올바른 인간에 대한 논의가 폭넓게 진행된다.

《파이드로스Phaidros》 소크라테스가 리시아스의 추종자인 파이드로스와 에로스에 대해 나눈 대화편이다. 이데아론 및 영혼삼분설과 관련해 특히 중요한 의의를 지닌다.

《크라틸로스Kratylos》 사물의 명칭이 가지는 의미에 대해 논쟁하는 대화편이다.

《메넥세노스Menexenos》 코린토스 전쟁에서 죽어간 병사들을 위한 소크라테스의 반어적이고 허구적인 헌사로 구성돼 있다. 플라톤의 작품이 확실한지에 대해 논란이 있다.

후기 대화편

플라톤이 노년에 쓴 글들로 중기 대화편에서 다루었던 내용들을 좀더 깊이 있게 다루고 있다. 추상적이고 전개 과정이 복잡해 어렵지만 플라톤 자신의 사상이 잘 반영되어 있다.

《파르메니데스Parmenides》 두 부분으로 이루어져 있으며 앞에서는 이데아론의 여러 문제들이 제기되고 있고, 뒤에서는 하나와 여럿의 의미, 하나가 여럿에 참여하는 것에 대해 묻는 질문에 대한 논의가 나온다.

《테아이테토스Theaitetos》 앎 내지 인식이란 무엇인가 하는 물음에 대한 대화편이다.

《소피스테스Sophistes》 소피스트의 정의를 묻는 질문에서부터 시작해 존재란 무엇인가에 대한 질문으로 발전하는 대화편이다.

《정치가Politikos》 정치가의 정의와 정치가 특유의 지식에 대한 대화편이다.

《필레보스Philebos》 쾌락을 추구하는 삶이 지식을 추구하는 삶보다 더 나은 삶인가 하는 질문을 다룬 대화편이다.

《티마이오스Timaios》 철학자 티마이오스가 이데아론을 바탕으로 우주와 시간이 어떻게 생성되었는가, 천체는 어떻게 운동하는가 등의 물음에 답하고 마침내 지각은 어떻게 생성되었는가 하는 물음을 검토하는 대화편이다. 수학적으로 세계를 설명하려는 플라톤의 자연철학을 담고 있다.

《크리티아스Kritias》 바다에 가라앉은 아틀란티스 섬에 대한 이야기로 미완성이다.

《법률Nomoi》 제우스 신전으로 가는 길에 만난 세 명의 노인이 훌륭한 폴리스를 새로 세우기 위해서는 어떤 조건을 충족시켜야 하는가 하는 질문에 대해 이야기를 나눈다. 총 열두 권으로 구성되어 있다.

플라톤 연표
기원전 427년(?) ~ 347년(?)

· 기원전 427년(?)	아테네의 부유한 집안에서 태어났다. 어머니인 페릭티오네는 아테네 명문 귀족 출신이며 아버지 아리스톤에 대해서는 알려진 바가 거의 없다.
· 기원전 407년(20세)	소크라테스를 만나 그의 제자가 된다.
· 기원전 404년(23세)	펠로폰네소스 전쟁이 끝난다.
· 기원전 399년(28세)	소크라테스가 사형된다. 플라톤은 큰 충격을 받고 여행을 떠난다. 일설에는 이집트를 거쳐 시칠리아와 이탈리아를 돌아보고 인도의 갠지스 강변에까지 이르렀다고 하나 확실하지 않다. 코린토스 전쟁 발발.
· 기원전 394년(33세)	시칠리아의 수도 시라쿠사를 방문하여 그곳의 지배자인 디오니시오스 1세와 디온을 알게 된다.
· 기원전 389년(39세)	철학과 저작에 몰두하며, 아카데미아를 세워 제자들을 가르친다. 이 시기에 많은 저작들이 씌어
· 기원전 385년(43세)	

졌다.

· 기원전 367년(61세) 디오니시오스 1세가 죽은 후 디오니시오스 2세
가 즉위하자 다시 시칠리아를 방문한다. 그를 통
해 자신의 국가론을 실현하려 했으나 실패한다.

· 기원전 361년(67세) 시칠리아를 세번째로 방문한다.

· 기원전 347년(?) 플라톤 사망. 제자의 혼인잔치에 참석했던 플라
톤은 잠시 사람들의 눈을 피해 물러났다. 축하연
을 마친 제자들이 그를 찾았을 때 플라톤은 이미
사망한 후였다.